日本大学の研究

歴史から
経営・教育理念、
そして卒業生まで

橘木俊詔
TACHIBANAKI TOSHIAKI

青土社

日本大学の研究　目次

はじめに

日本大学の研究　歴史から経営・教育理念、そして卒業生まで

はじめに

多くの人が日本大学に抱くイメージは、まずは日本一のマンモス大学というものではないだろうか。

日本大学はながらく日本一の学生数を誇っている。なぜ日大はこうしたマンモス大学になったのだろうか。言葉を変えれば、大規模化の政策をとってきたのはなぜなのだろうか。大規模化にはメリットもデメリットもあるだろうことは想像できる。本書はまずこれらの問いに答えることを念頭においた。

大学は教育機関である。その役割は研究と教育にあるだろう。日大において大規模化の流れの下で「研究と教育」という大学にとって重要なふたつの要素にどのような影響を与えてきたのか。大きな関心を持って分析した。

一〇〇年以上の歴史を有する学校だけに、創設時、戦前、高度成長期、現代というように、日大も歴史的な発展の経緯を経験してきた。そこには、大学の基本的な教学的精神、新学部・新学科の創設を含めた経営方針、研究・教育の方法、スポーツへの取り組み、教員の特質と卒業生の活躍など、さまざまな要素がある。それらを時代ごとに具体的に検証したのが本書である。

当然のごとく現代における日大の現状にも大きな関心を払った。どういう学生が入学してどういう教育を受けているのか、そして卒業後にどういう世界に入っていてどう活躍しているのか。学校当局と教育側がこれらに関してどういう方策を採用しているのか、も重要だ。幸いにして私はこれまで日本の諸大学を個別に論じてきた経験がある。それらの大学との比較によって、日大の特色をより鮮明に把握できたと思う。

日大を語る上で欠かせない話題をあえて三つあげるとすれば、①一九六〇年代後期の日大闘争、②スポーツの日大、③芸術学部の存在になるだろうか。これらの事象と特色は日大のユニークさ、著名な学校としての存在意義を良い意味でも悪い意味でも高めていると考える。そのため本書でもより詳しく論じている。

本書の出版は青土社のご好意によって企画が始まった。特に菱沼達也氏の効率的な編集作業のお世話になった。出版社と菱沼氏に感謝したい。本来ならば日大関係者へのヒアリングを大々的に行ってから執筆すべきものであるが、コロナ禍によってそれが限られたものとなった。主として文献と統計が情報源となったので、思わぬ誤解と邪推があるかもしれない。残された誤謬と主張に関することの責任は著者のみにあることは当然である。

橘木俊詔

第Ⅰ部　創立と思想――戦前

第1章　創設当初と発展に尽くした人々

1　学祖・山田顕義の功績と日本法律学校

山田顕義の前半生——軍人として

慶應義塾大学の福澤諭吉、早稲田大学の大隈重信、同志社大学の新島襄ほどの知名度はないが、日本大学は山田顕義《あきよし》（一八四四（弘化元）年～一八九二（明治二五）年）を学祖とし、創設者としている。彼の名前は日大関係者には知られているが、残念ながら日大関係者でない人にとってはなじみが薄いようだ。日本大学（具体的には前身校である日本法律学校）創設者として、最初に山田についてふれておく意義は日本大学を論じようとする本書にとって大きいだろう。山田については吉田（1981）、日本大学（1982）、『桜門春秋・各季号』に拠る。

山田は長州藩士の息子として生まれた。一二歳のときに藩校の明倫館（後の旧制山口高校、旧制山口高商）に入学する。よく知られているように藩校は主として武士である藩士の息子のための学校であり、農工商に従事する人の子弟はなかなか入学できなかった。藩校はいわゆる身分上のエリート校であった。

『桜門春秋・53年冬季号』（『学祖・山田顕義研究』に所収）に書かれているように、顕義は長州藩の大改革者であった村田清風の親類にあたる。村田は吉田松陰の軍学の師であった人物である。こうした家系の出身ということもあり、顕義への期待は大きかった。しかしそうした期待とはうらはらに、彼は幼少の頃は「鼻たれダルマ」と呼ばれるほど愚鈍で、周囲の人たちは彼の教育には手を焼いていたようだ。

そこで顕義の伯父の亦介は、吉田松陰のかの有名な「松下村塾」に彼を入塾させたのである。顕義は松陰に可愛がられるとともに、この「松下村塾」で後の明治維新で大活躍する様々な長州藩士と知り合うことになった。木戸孝允、高杉晋作、久坂玄瑞、伊藤博文、山県有朋といった人たちの知己を得たことは、後に長州や薩摩出身の人が幅を利かす藩閥時代であった明治初期においては有利に作用することになる。しかも入塾生の中で顕義は最年少だったため、これらの長州藩士から特に愛顧を受けた。とはいえ後に親しくなる大村益次郎とは「松下村塾」では出会っていない。

顕義は当時、山田市之允《いちのじょう》と称していた。松陰から次のような詩を贈られている。「立志尚特異（立志は特異と尚ぶ）……君子勿素饗（君子素饗するなかれ）〔志を立てるなら人と異なることを恐れるな……君子なら現状に甘えてはならぬ〕」という詩であり、松陰の市之允への期待が込められていた。

よく知られているように、松陰門下生は尊王攘夷論で活躍したのであり、松陰が斬死した後に長州藩は、薩摩藩とともに幕府に軍事力で抵抗した。どういう歴史的経過を経て明治維新が達成されたかについては歴史書に譲ることにし、ここでは顕義の動向のみについて記述する。

市之允は軍略にとても優れていて、倒幕軍の中で司令官として頭角を現すことになる。高杉晋作の奇兵隊における市之允の武勇伝は有名である。『桜門春秋・53年冬季号』によれば、長州藩内における尊攘派と俗論派の争いにおいては、一方的に高杉の武勲として語られているが、実質は山田顕義の功績だったと書かれているほどである。

一隊を率いる若き部隊長の顕義に関して、高杉晋作がどう評価していたかについてをあらわす次のようなエピソードが残されている。高杉が病床にあるとき、ある人が「高杉さん、あなたの次はどうしましょう」と問うと「大村益次郎に頼め」と答え、さらに「大村さんのあとは誰に」と問うと「山田市之允がよかろう」という会話があったという。いかに市之允が軍略に優れていたかがわかるし、その頭の良さと決断力の確かさを高杉が高く評価していたことが推測できる。

市之允はその後数々の武勲を上げ、鳥羽・伏見の戦、函館戦争などの勝利に貢献した。函館の戦いにおいては二〇〇〇名の軍隊の司令官だったというから、倒幕軍の中でも大幹部であった。明治維新後においても、西南戦争や佐賀の乱において活躍し、官軍の勝利に貢献した。

明治時代に入り、政府軍での武勲により、二七歳という若さにもかかわらず、兵部省の大丞（卿、大輔、少輔に次ぐ第四番目の地位）に就いた。そして、軍の新制度の下で陸軍少将、そして最後は中将に昇進したのである。さらに大輔（次官級）にまで昇任したが、岩倉使節団の一員として欧米への視察に向かうこととなり、その地位を同郷の山県有朋に譲り、軍から離れることになった。

山田が日本を離れたのは一八七一（明治四）年であるが、訪欧米の役割は軍の幹部として、欧米の軍事・兵制度の調査であった。なぜ彼が軍を離れて岩倉使節団に加わったのか、二つの仮説が考えられる。第一に、山田に関する文献を読むと、山県有朋と犬猿の仲とよく出てくるので、争いを嫌って軍を山県に任せる気になった。第二に、使節団の役割は欧米の軍事・兵制度の視察であるが、もともと法律に関心があったので、うわさに聞いていた「ナポレオン法典」のことを知りたい、という気持ちがあった。多分これら二つの理由が重なったのであろう。

山田は岩倉使節団の理事として各国の兵組織の視察のため欧米に向かったわけだが、彼は各国でどのような視察をし、軍備や司法制度をどう学んでいたのだろうか。特に山田はフランスに長期間滞在している。このことを知るためにふさわしい文献として富田（1997）を見つけたので、小躍りしてその書を繙いた。

しかし、およそ五〇ページにわたってフランス滞在の記述があるが、山田顕義がフランスでどういう視察、調査をしたかが具体的にはほとんど書かれていなかった。書かれているのは、フランス滞在中に誰と会ったとか、どこの名所を訪れたのか、そしてどのホテルに滞在していたかが中心である。しかも会った人物についてはフランス人のことはさほど書かれておらず、日本人（例えば木戸孝允や島地黙雷《もくらい》という僧侶など）との出会いがほとんどである。

著者の富田仁は、山田がパリで何をしていたかを必死に探したが、文献や資料がほとんど存在していなかったと嘆く文章を書いている。これもやむをえないことだと思われる。むしろナポレオンの偉大さを現地で再確認したとの記述があり、これが山田にとってフランス訪問の最大の収穫だったのかもしれない。

山田顕義の後半生――法曹の人として

一八七三（明治六）年に山田顕義は帰国した。そしてフランスで得た成果をまとめて、太政官に建白書として次の三つを提出した。

（1）軍事については、ただ兵士だけを養成するのではなく、学識を学んだ上で、兵士を育てることが、国家と国民のためになる。

（2）教育に関しては、国民が立派な国家の構成員になるためには、できるだけ多くの人が教育を受けるようにしたい。

（3）法律に関しては、列強との不平等条約を排するには、国内でしっかりした自国用の法律を持つことが重要である。また、それは日本の文化や慣習を反映したものであるべきだ。

（1）に関しては、実は岩倉使節団が外国訪問している間に、国内では山県有朋が「徴兵制」を導入して、さらなる軍事国家を目指すべきと主張し、論戦が起きていた。山田はこの徴兵制には反対であった。しかし、結局「徴兵制」は導入されることとなり、山田の主張は無視されたのである。後に山県は保守反動の強硬路線の首相になるだけに、個人的には、ここは山県に異を唱えた山田に親しみを感じる。

（2）に関しては、山田が後に日本法律学校（日本大学の前身）や国学院を創設することを想起すると、彼の意思は生かされたと考えて差し支えないだろう。ここでは、日本精神の尊重という山田の思想を記憶しておきたい。

（3）に関しては、国内で法律を作成する必要性を説いているのであり、山田が司法省に残る契機となった。

『桜門春秋・53年冬季号』に興味ある発言がある。なぜ山田が武官から文官（特に司法大輔）になったか、その経緯についてである。フランスから帰ると山田には清国駐在の公使の話や、内務省に移る話があったが、どちらを受けるにせよそれらはこれまで生きてきた武官の地位を捨てねばならないことであった。軍事はぼんくらの山県有朋に任せておいたらよい、と山田が発言したかのような文章があるが、確認は取れていない。山田は結局司法省に移ることにした。自ら進んで法典の作成を行う、という決意の下に司法省に移ったのである。

山田が司法大輔に就任したのは一八七四（明治七）年で、彼が三一歳のときであった。法律に関心の強かった彼は司法省の法律学校に通って、法律講議の聴講をしていた。軍の大幹部であった山田が若い学生と机を並べて勉強する姿は異様であったろうが、新しい生き方を求める彼の姿は尊敬に値する。しかもこの学校で「お雇い外国人教師」であるフランス人のボアソナードやブスケと知り合うこともできた。フランスに一年半もいた山田であるから、彼らとフランス語で話すこともあったであろう。

山田が司法省にいたときに、その有能さを示す驚くべきエピソードがある。西南戦争（一七八八〈明治一〇〉年にほぼ七カ月続いた）が勃発し、司法省にいた山田もなんと召集されて参戦し、しかも武勲を上げたのである。優れた軍略家としてまた呼び出されたのであろう。文武両道とはまさにこのことである。

山田は一八八三〈明治一六〉年に司法卿（大臣のこと）に就任し、一八九一〈明治二四〉年に退官するまで、八年間にわたって司法の責任者の職にあった。その間に初代内閣の伊藤博文首相の下で、司法大臣になっている。明治時代の中期において長い間法務の責任者だったので、彼は日本の法務行政の分野ではとても重要な開拓者の一人だといえよう。

山田の司法省での仕事の最初のものとして、一八八一〈明治一四〉年に政府に提出した『憲法按』がある。有名な伊藤博文の憲法に先立つこと六年前なので、先駆として評価できる業績だが、これが生かされることはなかった。いまでは、伊藤博文の明治憲法の方が歴史上としては、はるかに意義があるとみなされている。

次いで山田が作成せねばならない法律として取り組んだのが、刑法、裁判所法などの公法と、私法である民法と商法の法典であった。特に民法は国民の日常の生活上に起こる問題を規定し、商法は殖産興業を政府の政策目標の一つ（もう一つはよく知られている富国強兵）なので、企業や商人の取引上の規定を定めることは、特に必要な法律だったのである。

民法と商法の法典編纂には法律取調委員会が設けられ、法文の作成から審議を行う司会を山田自身が行うようになった。しかも、一八九〇（明治二三）年の一一月に第一回の帝国議会が開かれることになり、伊藤博文首相からの指令でそれまでに法典が出来ていなければならなかった。つまり三年間で法典を完成せねばならなかったのである。たいへんな日程である。山田は実現は無理だと思ったが、伊藤の言葉巧みな説得に負けて、引き受けた。

ここで法律取調委員会のメンバーの一部を書いておこう。法典論争が後になって起きるが、その理由がメンバーの名前を知ることによって、その内容がかなりわかる。

法律取調委員会名簿（一八八六（明治九）年〜一八九七（明治二〇）年）

第1期委員長（井上馨・外務大臣）

委員会が外務省に設けられたため外務大臣の担当であった。

第2期委員長（山田顕義・司法大臣）

所轄が司法省に移ったので担当大臣がなった。

委員

ボワソナード：お抱え外国人学者の一人であり、フランス人の法律専門家であった。箕作麟祥《みつくりりんしょう》などがフランス法典の翻訳にあたっていたので、フランス法典に詳しいことからボワソナードを招いて、彼とともに日本民法の作成にあたった。民法のみならず、日本の法典の作成に寄与した重要な人物である。

箕作麟祥：一八六七（慶応三）年のパリ万博に江戸幕府が使節団を送ったとき、箕作は随行員としてパリに行き、フランス法を若いときに勉強した。その後大学南校（今の東大）の教授になり、フランス法を教えるとともに、フランス法（ナポレオン法典を含む）の翻訳に取り組んだのである。「憲法」という訳語は彼の発案とされ「日本の法律の元祖」とも呼ばれた。

栗塚省吾：大学南校に入学後、司法省法律学校に転じ、一八七五（明治八）年にフランスに留学した。パリ大学とパリ政治学校を卒業する。帰国後は司法省の役人となり、司法大臣秘書官を務めた。東京仏学校（現・法政大学）の創設に参加した。

松岡康毅：司法官僚であり、後になって日本大学の前身・日本法律学校の第二校長、日本大学の初代総長となる。

ロエスレル：ドイツ人のお抱え外国人学者で、法律と経済の専門家、ドイツ法学を日本に普及させるのに尽力した。
モッセ：ロエスレルと同じドイツ人のお抱え外国人学者で法律の専門家、特に伊藤博文にドイツ憲法を教えた。
村田保：法務官僚であり、若い頃にイギリスとドイツに留学した。イギリスでは刑法、ドイツでは憲法や行政法を学んだ。

長々と法律取調委員会のメンバーについて書いたが、ここから何がわかるかをまとめておこう。第一は、委員長の山田を筆頭にして、ボワソナード、箕作、栗塚というように、フランス法に詳しい人がいるということ。これらフランス法を専門とするメンバーや、後に日大の学長になる松岡などメンバーには山田親派が多くいた。第二に、一方でイギリス法やドイツ法に詳しい人がいること。これは重要なポイントである。つまり日本では仏法、独法、英法という三国の法律の専門家がいて、このためにどこの国の法律を日本の法律の基礎におくかという論争が常に起こってきたのである。そうした論争の火種があることを、この委員会のメンバーを見ることでも知ることができる。

法典論争

山田顕義のやや独善的な行動の成果との印象もなくはないが、彼の強力な指導力の下で、民法と商法の編纂は比較的短期間の一年で完成した。しかし法案は元老院で許可されなくてはならず、決定は国家に付託されたのである。山田は犬猿の仲とされた首相の山県有朋まで動かして元老院の通過を果たし、一八九〇（明治二三）年に民法と商法は公布されたのである。

しかしここで大事件が発生した。この両法に対する反対論や延期論が湧き上がったのである。これを巡る論争を「法典論争」と呼び、法律家、政治家、新聞人などがこの論争に参加して、一大論争となった。『桜門春秋・56年秋季号』と『桜門春秋・57年冬季号』（ともに『学祖・山田顕義研究』に所収）はこの論争に関して、専門家が詳しい座談会を掲載しているほどである。

反対論・延期論の中心論者は、この二つの号によると、法律取調委員の一人であった村田保とされる。「この法典はフランス法典の翻訳にすぎないほどの内容しか書かれていない」「日本の国情に合致した法典になっていない」「ヤソ教国（キリスト教団）にならって個人本位の民法が日本で施行されたら、日本古来の伝統的な家族制度が破壊されてしまう」といったものであった。

ここでもう一度委員会名簿を見てほしい。フランス法だけでなくイギリス法・ドイツ法の両者の専門家・関係者が入っている。しかし、出来上がった法典の内容はフランス法典にほとんど依存しているといっても過言ではなかった。反対の急先鋒の村田保は、英独法派だったのである。

後進国・日本の法律作成は、当時の先進国の法律の違いに翻弄される不幸の中にいたのだ。結局、事件の結果、このとき作成された民法と商法はお蔵入りとなったのである。

それに加えて、『桜門春秋・57年冬季号』では他にいくつか論争の原因を書いている。例えば、蕃書調所、開成所、大学南校などの東京大学への発展につながった学校で学んだ人や教えた人、あるいは司法省法律学校の関係者などで代表されるような国立学校や政府に関係する人々と、次の時代に多くの私学の法律学校が創立されるのに関係する人々との間の対立もあった。官学派対私学派と称してもよいが、全部の人がどちらかに固まっていた一枚岩でなく、官学派と私学派にも「推進派」ないし「断行派」と「延期派」が多少入り乱れていたのも事実である。『日本大学百年史』(1989)では「延期派」の中に東大関係者の多かったことを強調しているのが、私学派の中にいる学校だけに興味深い。

とはいえ、派手な論争となった「法典論争」ではあったが、各号の『桜門春秋』や吉田(1981)が結論付けているように、論争は厳密な法理論に基づいてなされておらず、法学上の論争としては低水準であった。むしろ、筆者からすると派閥がらみや政治的な駆け引きに翻弄された論争と理解した方が正しいと感じられる。

ただし、筆者が強調したい論点は、日本人における家族のあり方、すなわち儒教の発想である家父長制度ないし家制度によって家族が一つにまとまっている姿が望ましいと考える一派と、欧米流の個人主義を基本としながらの家族のあり方を望ましいとする一派との対立が背後にあったという点である。その後の日本の民法では、前者の家父長制、ないし家制度が取り入れられたと付言しておこう。

日本法律学校の設立

法曹界における最後の仕事として、多少強引なところもあった山田顕義の全力投球による法典編纂作業は、結局頓挫したこととなった。その頃から彼の頭には、法律の学校を創設して、法律の専門家を育てねばならない、という気持ちが強くなっていた。それが日本法律学校（日本大学の前身）の設立につながったのである。

学校ということで言えば、実は山田はそれ以前に「学校」との関係は深かったのである。一八八二（明治一五）年に明治政府は皇典講習所という学校を創設していた。この学校には、神官の養成という本来の教育目的である神道養成部門と、日本文化固有の風俗、習慣、国文学、歴史、政治・経済などを研究することを目的としていた日本部門があった。当時の日本は欧米文化の吸収に励んでいた時代なので、日本古来のことも研究せねばならないという巻き返しもあったのが設立の主眼であった。なお皇典講習所の神道養成部門は後に今の国学院大學となり、日本部門は日本法律学校となるのである。

元々は皇族の有栖川宮熾仁親王が皇典講習所の総裁であったが、彼の死後の一八八九（明治二二）年に山田が所長となる。山田は当時は司法大臣の職にあったので、兼職の所長であった。なぜ山田に所長職の白羽の矢がたったのか。ここは想像の域を出ないが、彼は皇典講習所の設立時に内務卿という監督の地位にいたことと、彼自身が欧米一辺倒の文化政策を好まず、日本固有の文化を大切にせねばならない、ということを日頃主張していたこともあったのではないだろうか。フランス法学派の一員とみなされていた山田であったが、先にも見たように日本独自の慣習や家族のあり方に配慮した民法が好ましいと発言していたので、彼が所長に任ぜられたのに不思議はない。

ここで『日本大学百年史』、特に第一巻に書かれているドイツ法との関係を確認しておきたい。山田が日本法律学校の設立を考えていた頃、日本は東京大学を卒業した人を中心にしたドイツ留学経験者によるドイツ法重視の風潮が強くなりつつあった。特に一八八一（明治一四）年の政変後、伊藤博文がドイツ憲法に注目していたし、政府の関心はドイツの文化・政治経済を日本は学ぶべきとの雰囲気があった。既に一八八三（明治一六）年には独逸学協会学校が開校していたし、東大法学部でもドイツ法の教育が開始されていた。こういう時代であれば、山田の法律学校もフランス法一辺倒とはいかず、設立関係者にドイツ法に詳しい人物もいたのである。

山田は皇典講習所の一部を借りて、夜間の日本法律学校を一八九〇（明治二三）年の開校にこぎつけた。前年の明治二二年が認可の年なので、その年の一〇月四日を日本大学は創立記念日としている。当時の詳しい記述は『桜門春秋・53年冬季号』（『学祖・山田顕義研究』に所収）になされている。

ここで〝日本〟法律学校という名前の〝日本〟という言葉に注目したい。皇典講習所は日本古来の文化、国体を研究するのであるから、新しい法律学校も日本古来の文化、法律をも学ぶ学校としての位置付けをしたかったのではないか。一歩進んだ国である欧米の法律の真似ばかりするのではなく、日本の文化に根付いた、あるいは合致した法制度の研究・教育を行う、という宣言であると解釈しておきたい。

この方針を国粋主義とまでは断定しないが、将来の日本大学がどちらかといえば保守思想、あるいは右翼路線を走る学校になることを考えれば、その素地が創設当初からあった、と解釈できるかもしれない。この素地は山田の後を継いだ初代校長の金子堅太郎によってより明らかになるので、くわしくは後に譲ろう。

当時の日本での法律界は、以前は司法省付属の法律学校、そして一八七七（明治一〇）年設立の東京大学の法科が主たる学校でもあった。法曹界に人材の必要性が高まり、私学に法律学校がいくつか創設されていた。東京法学院（後の中央大学）、明治法律学校（後の明治大学）、和仏法律学校（後の法政大学）、東京専門学校（後の早稲田大学）、しんがりは日本法律学校（後の日本大学）であった。

興味深いのは、明治、和仏、日本がフランス法中心、東京法学院がイギリス法中心、東京専門学校はイギリス政治・経済学に特化したのでイギリス法に近い、そして官立の東大がイギリス法とドイツ法が中心であった。学校によって、どの国の法律を伝統とするのかが、完全に分離されているのではなかったが、かなりその特色は色分けされていた。

おもしろい逸話をひとつ紹介しておこう。東京六大学野球は歴史と伝統を誇る大学野球のリーグであるが、中央大が入っていない理由を調べてみた。そうすると、中央大はイギリス法の大学なので、フランス法などで毒されている(!?)大学リーグには加入させない、あるいは加入しない、という逸話があったことを知った。詳しくは橘木・齋藤(2012)を参照していただきたい。こうした理由から、中央大の替わりに、官立の帝国大学(東大)が東京六大学野球に入ったのである。もう一つの理由は、早稲田の監督だった飛田穂洲《すいしゅう》が東大加入を後押ししたこともある。

これに関して、もう一つの話題がある。それはこれらの学校(特に法学校時代)を卒業した人の進路である。橘木(2009)が示すように帝大法科の卒業生の第一の進路希望は、官吏登用試験に合格して、官僚になることであった。一方の私学の法律学校の卒業生は今の司法試験に合格して、裁判官・検事・弁護士という司法関係の世界に進むのが第一の希望であった。逆に言えば、東大生にとっては司法の世界に進むのは第二希望であり、私学出の人はなかなか官吏になれずにいたので、司法の分野を目指したのである。

山田による日本法律学校創設の頃の話題をいくつか述べておこう。皇典講習所の所長として、日本文化に根ざし、かつ日本の歴史や民族を重視する法律の制定を目指した山田は、同志の東大教授である宮崎道三郎、穂積八束、憲法起草委員の金子堅太郎などを招いて、日本法律学校創設の願書を東京府知事に提出した。

ここに列挙した人の名前に注目したい。宮崎は日本法制史の専門家で、日本古来の法制に詳しく、日本文化・歴史に立脚した法律の制定に関心を持っていた。穂積は後に天皇機関説を主張した美濃部達吉に反対して天皇主権説を説いた保守派であった。金子は後に日本法律学校の初代校長になる人で、そこで登場するときに詳しく述べるが、イギリスの保守政治思想家であるエドマンド・バーグの説を好む保守派であった。

これら四名、すなわち山田、宮崎、穂積、金子といった人の経歴と思想を知ると、日本法律学校がどちらかといえば保守の思想を好む法律家の集まる学校であろう、と想像できる。むしろ山田がフランス法典（特にナポレオン法典）を好むので、家族主義よりも個人主義に立脚した民法を好むのではないのか、と思われかねない。しかし、山田自身も日本文化と歴史に立脚した日本法を好んだことから、フランス式個人主義よりも家族主義と保守派の一人とみなしてよいだろう。

一八九〇（明治二三）年の九月に日本法律学校は、小松（1974）によると皇典講習所の一角の馬小屋（小松の言葉）を教室として開校した。夜間の学校であり、昼間は官庁の下級職員、小学校の教員、書生、新聞記者として働く人が学生となった。学費は月額一円であった。旧制中学校を卒業した人（男子のみ）は無試験で入学できたし、中学卒業でない人には入試が課せられた。教師は東大教授や諸官庁の官吏が非常勤で教えたのである。今の言葉を用いれば、昼間の学校（旧制高校や高商・高工・高師など）に通えない勉強好きの苦学生が夜間で学んだのである。

開校三年目の七月、日本法律学校は第一回卒業生の四六名を送り出した。入学生は二百余名いたが、卒業できたのはほんの少数しかいなかった。学業のむずかしさだけでなく、いろいろな経歴の学生がいたので学業についていけない人や、経済的に学業を続けられなかった人もいたであろう。

2　設立当初の学校の幹部

金子堅太郎

金子堅太郎（一八五三（嘉永六）年―一九四二（昭和一七）年）は日本法律学校の初代校長である。彼については佐々木（2004）の評伝が詳しい。前節で述べたように、金子は山田が日本法律学校の創設を東京府に願いでたときの賛同者であり、また山田とは岩倉使節団の仲間でもあったので、初代校長になるべくしてなった人と解釈できる。

金子は福岡藩士の子弟で、藩校の修猷館で学んでから、江戸に出て漢学塾で学んだ。岩倉使節団の藩士・黒田長知の随行員として一八七一（明治四）年にアメリカに渡り、アメリカの小・中学校で学んでからハーバード大学のロースクールで進んで同校を卒業した。当時の洋行帰りのエリートの一人である。

キャリアとしては伊藤博文の秘書官として種々の法律制定に参画するし、諸内閣の大臣を経験する政治家でもあった。その他諸々の重要な役職に就いたがそれらの詳細は省略する。本書にとって重要なのは、一八八九(明治二二)年に日本法律学校の初代校長となっている事実である。そして一八九三(明治二六)年の卒業式の前日に辞任した。実は日本法律学校は開校二年目に、学祖・山田顕義の突然の死に遭遇していたのであり、相談相手を失った金子は校長を辞任することとなったのである。

なぜ金子がほんの二〜三年で校長職を投げたのか、正確なところはわからないと吉田(1981)は記しているが、彼の類推として当時の「法典論争」が関係あるのではとしている。日本法律学校は法典作成の責任者である山田顕義の学校なので、「推進派」ないし「断行派」の筆頭株であり、「延期派」の政治家から金子校長に辞任の圧力がかかったのではないか、という想像を述べている。

筆者の仮説を加えておこう。金子の経歴を見ると著作が多い。このことから学者としてのキャリアを重視して、学校の管理職にはさほど関心がなかったのではないか。しかし彼は後に大臣になるので、むしろ政治や官僚の世界にコミットしたかったのでは、という推察が成立する。学問重視の人が政治に色気を示すのは矛盾と映るかもしれないが、こう解釈できる。自分の学説を現世で実現させるには、政治家や大臣になるがてっとり早いと考えた。大学の管理職ではそれができないと考えた。あるいは、そうしたことに加えて、山田の死によって日本法律学校への思いを失ったのかもしれない。

校長を失い、かつ学校経営も経済的な苦境に遭遇して、日本法律学校は廃校の危機にさらされた。司法大臣・山田顕義のお蔭もあって司法省から五万円の補助金を受けていたが、それも枯渇して学校財政は破綻していた。当時の私立学校はどこも経営には苦しんでいた。同志社の創設者・新島襄が、近くの官立・第三高等学校（京大の前身校）が国から潤沢な資金を受け取っているのと比較して、私学の苦しさを激白していたことは橘木（2011）でも書いた。それでも卒業予定者、在校生、関係者の熱意により、日本法律学校はなんとか廃校は免れた。そして新校長には松岡康毅が選ばれることになる。

最後に、金子の思想について一言述べておこう。基本的には法務官僚と政治家のキャリアであり、日本法律学校の校長職は兼業だったので、学校経営に一〇〇%彼の意向が働いたとは思えない。しかし創設時の初代校長なので、教員（常勤と非常勤の双方）の選定には大きな発言権があったのは確実であり、日本大学の教育方針を決めるのに彼の思想は影響力があったと考えられる。

当時の日本の政治思想として二つの流れがあった。ひとつはフランスのルソーを起源とする自由民権派あるいは民主主義派。もうひとつはドイツで中心であった個人よりも国家を至上とする国家主義を主張する一派である。金子は後者のグループに属し、一八世紀のドイツ人ではなくイギリス人のエドマンド・バークの政治思想である保守主義、国家主義を好んでいた。こうした金子の思想は政治思想家の元田永孚《ながざね》にも影響を与えている。元田は有名な儒学者であり、天皇の統治を絶対とし、教育観も後の教育勅語に現れるような国家主義教育論を展開した人である。金子は保守派の政治思想家の一人とみなせるだろう。

日本大学の主義・思想は、どちらかといえば保守派、あるいは右翼路線の歴史であったと理解できるが、その起源は初代学祖の山田と初代校長の金子に求めてよいと思われる。しかしこれは何も日本大学だけに特有の性質だというわけではない。戦前の日本は、保守主義の方が勢力の強かったのは歴史的事実であり、そういう意味でいえば日大路線は多数派だったのである。

松岡康毅

松岡康毅（一八四六（弘化三）年〜一九二三（大正一二）年）は日本法律学校の第二代校長と日本大学の初代学長・総長である。実に三〇年間ほど日本大学のトップにいたので、同校にとってはとても重要な人物であり、大学の発展に寄与した人物でもある。

松岡は司法官僚として検事総長にまでなった人物である。また政治家として大臣を経験している点などは、前任の金子堅太郎と似た経歴である。しかし金子とは一つの大きな違いがある。金子はハーバード大学出身という洋行帰りであるが、松岡の場合には中年になってヨーロッパの裁判所視察を行った以外は外国経験がない。松岡の人生については『松岡康毅先生伝』に詳しい。

少年の頃は藩校（徳島藩の長久館）で学ぶ。のちに大阪の泊園書院という漢学塾で学ぶ。ここで特筆すべきは、泊園書院の校長・藤沢東畡《とうがい》、その子である南岳の影響を松岡が受けたという点である。洋学塾の盛んな時代に漢学塾というのはユニークである。大阪といえば、緒方洪庵を塾長とし、塾生として福澤諭吉も通った適塾（今の大阪大学の前身）の蘭学が有名であるが、泊園書院もそれに劣らずに著名な人を輩出した。

松岡はその後司法省に入り、司法官僚としての生活を始める。裁判官、検事のキャリアの最後は、検事総長という出世頭であり、その後は大臣まで経験している。

司法大臣を長い間つとめた山田顕義との付き合いはあったと考えられる。松岡は検事総長をやめてからは役職に就いておらず、そのこともあって初代校長の金子の跡を継ぐべく白羽の矢がたった。松岡が選ばれた一番の理由は、日本法律学校の評議員として、この学校の内情をよく知っているということにあった。もっとも校長就任後も大臣などを経験しているので、校長、学長はあくまでも兼職であった。

松岡校長の仕事としては、一八九五（明治二八）年に神田三崎町に新校舎を建設することから始まった。今までの「馬小屋」とも称された仮校舎ではなく、自前の校舎を持ったことは教員、学生にとってよいことであった。しかしまだ夜間の学校であることに変わりはなかった。さらに高等専攻科が創設されて、卒業生には「日本法律学士」の称号が与えられた。これは旧制大学の学士とは異なることに注意したい。さらに高等師範科も設けられ、中学校や師範学校の教員になれる資格を与えることもできるようになった。

一九〇三（明治三六）年、教育界に大きな変化が起こった。政府が「専門学校令」を公布したのだ。これは、専門学校も〝大学〟と名乗ってよい、という法律であった。もとより帝国大学に進学可能な旧制高校三年、旧制大学三年という教育機関とは異なり、三年から四年の専門学校においても〝大学〟と名乗ってよい、との容認である。明らかに帝国大学ほどの教育年数、あるいはプレステージはないが、私立の専門学校に花を持たせる手段であった。これによって慶應、早稲田、法政、明治なども大学と称してよくなったのである。

おもしろい記述が吉田（1981）や『日本大学百年史』などにある。日本大学は校名を〝日本〟大学とすべく申請したのであるが、文部省は「日本法律学校なら、日本の法律を教授する学校なので問題はないが、「〝日本〟大学」ならあたかも日本を代表する大学のようなので、ダメだ」としたのである。

これに対して、日本法律学校の幹事であった東大教授の戸水寛人が「世に日本中学というのがあるが、中学はよくて日本大学はダメというのはおかしい」と切り返した。戸水教授はロシアと戦争すべし（日露戦争のこと）との建白書を出して、大学を一時休職になった有名人である。この禅問答のような返答が成功して、日本大学という名称は公認されたのである。『日本大学百年史』には、欧米には国名をそのまま大学名にしたものはない、と記述されているが、アメリカには「アメリカン・ユニバーシティ」（ワシントンDCに所在）というのがあることを付記しておこう。

日本大学は松岡学長の下、政治科、商科、工業科、美学科、歯学科、医学科などをつくり、総合大学化を図ることになる。さらに後に紹介する第三代目総長・山岡萬之助のときに大学はさらに大きくなる。これら具体的な総合大学化、マンモス大学化については、後に詳しく論じる。最後に、松岡康毅の政治思想・教育思想について一言述べておこう。大阪の漢学塾、泊園書院で学び、塾長の藤沢東畡の息子である南岳にいたく心酔したことは先に述べた。大阪の泊園書院を父より継承し多くの門人を育てた儒学者の南岳に師事した松岡も、儒学、あるいは規律を重んじる精神の持主であった。

平沼騏一郎

平沼は日本大学の二代目総長であるが、第三五代内閣総理大臣や第二一代枢密院議長を経験しているので、学界の人というよりも政界の大物と理解する方がより適切である。平沼（一八六七（慶応三）年〜一九五二（昭和二七）年）は東京帝大法科卒業で司法省の官僚としてキャリアをスタートし、検事と裁判の世界で出世を果たして、検事総長や大審院長（今の最高裁長官に等しい）のトップにまで登りつめたエリートである。平沼については御厨（2003）に詳しい。

平沼は裁判所や検事の仕事に関しては、保守・反動の姿勢を持ったことはよく知られている。一九三九（昭和一四）年に総理大臣に就任する。戦争に向けた国民総動員体制を敷き、外交的にも反共路線を貫くという右翼政治家であった。その証拠に、戦後の東京裁判ではA級戦犯として終身刑を受け、一九五二（昭和二七）年に死亡した。

平沼は、一九二三（大正一二）年から一九三三（昭和一二）年まで一〇年間もの長期にわたり日本大学の総長を務めた。司法・政治の世界で多忙だったので日本大学でどれだけ仕事をしたのかを調べると、次に登場する大学学長の山岡萬之助、そして理事や学部長に任せる面が強く、自分で日本大学をどうすべきか、といった信念はさほどなかったように感じられる。日本大学関係の文献を読んでも平沼のことはさして書かれておらず、半分は名誉総長のようだったのかもしれない。しかし保守派の重愼だったので、大学側からも安心して総長にしておくことのできた人だったのである。

山岡萬之助

山岡（一八七六（明治九）年〜一九六八（昭和四三）年）は、戦前の日本大学を語るうえでもっとも重要な人物だと言える。山岡は一九一〇（明治四三）年に日本大学教授になり、その後学監、理事を経て、一九二三（大正一二）年に学長に就任し、一九三三（昭和八）年には第三代総長になっている。一九三七（昭和一二）年には初代総裁も兼ねている。戦後になって公職追放となり一九四六（昭和二一）年に日大を離れた。日本大学の大幹部として君臨したのは、学長に就任して以来の二〇年強である。

彼の経歴を追っておこう。彼の経歴に関しては、主として『日本大学百年史』の第二巻、第三巻を参照した。長野県の農家に育ち、一八九七（明治三〇）年に日本法律学校に入学、一八九九（明治三二）年に卒業する。判検事登用試験に首席で合格し、判事の道を歩むこととなった。その後ドイツに日大の資金で留学しており、ドイツのいろいろな大学で法律を学び、法学博士の学位を取得している。大学が優秀な日大卒業生を外国に派遣して、自前で専任教授を育てたい意図がわかる。一昔前は山田顕義などの影響でフランス留学に人気があったが、山岡の頃は伊藤博文などの影響もあって、ドイツ留学が人気の時代に変化していたのであろう。

山岡のキャリアは、日本大学での職務とともに司法畑での仕事もあった。司法省では監獄局長にまで昇進するが、官学（特に東大出身者）が幅を利かす官僚の世界では、私学出の出世は困難であった。しかし局長にまで昇進したのには、私学出でありながら判検事登用試験における首席合格のお蔭だったと想像できる。

司法省での仕事で特筆すべきことは、小川平吉大臣の下で悪名高い反動的な治安維持法の作成に関与したことである。さらに一九二八年の三・一五事件（日本共産党員の大量検挙事件）の指揮をとるなど、たとえ上司からの命令の仕事とはいえ、本人がそれに服従したのであるから、保守・反動の政治思想に拒否反応をしない司法官僚だったように推察できる。これも日本大学当局の人からすると、好ましいことであったろうとみなせる。総長・平沼騏一郎、学長・山岡萬之助は、同じ政治思想の持主との解釈が可能である。

もう一つ重要な点は、山岡が日本大学卒業生ということにある。勉強が良くでき、判検事登用試験の好成績、ドイツ留学、官僚人であること、しかも保守・右寄り思想など、日本大学の関係者からすると「期待の星」とみなせる人物である。日本大学の学長・総長としては打ってつけの人物だったのである。なるべくしてトップになった人物だといえるだろう。

日本は「同じ釜の飯を食う」という仲間意識の強い国の文化がある。特に同じ学校、同じ郷土の出身というのには特別の想いがある。山岡のように日本大学卒のエリートとして活躍した身分の人にとって、母校のために頑張る意識が強く、かつ周囲にいる人々、特に日本大学の卒業生もそれを後押しするところがあった。山岡の日頃の口ぐせは「早大、慶大を追い越す偉大な大学とするよう努力してほしい」だったとされる。

とはいえ、興味深い事実が小松（1974）に叙述されている。それは日本大学幹部における派閥闘争である。当然のことであるが『日本大学百年史』には簡単な記述はなされているが、この闘争のあからさまなドロドロした記述はない。むしろ、松岡総長による山岡への言葉「君は日大出身で最初の法学博士だし、ドイツまで行って学位を取った逸材だ。日大のために努力してほしい」との励ましの言葉が印象的である。山岡もそれに応えて、日大発展のため、卒業生で優秀な者を、自分がしてもらったように、海外に卒業生を留学させる政策を進めたのである。

そうしたなか、一九三二（昭和七）年から一九三三年頃にかけて日大騒動が勃発する。表面的には平沼総長対山岡学長の争いであるが、実際はいろいろ事情が複雑にからんでいた。平沼という東大出と山岡という日大出の学閥争いもあったが、それだけが発端ではない。なぜならば日本大学出身者で山岡と同じようにドイツに留学して母校に戻っていた山下博章、森本富士雄の両名は平沼派に属していたからである。

ちなみに小松雄道によると、山下・森本の両名はマルクス主義者とされているので、日本大学の教授としては意外な人であった。日本大学には戦前を通じてマルクス主義の政治学者・経済学者の存在はきわめて限られている。

平沼、山岡の両名は保守・右翼の人なので、本来ならば両名は政治思想を共有するので同志として、左翼に対して闘うものと思われがちである。しかし紛争はこういった政治思想とは無関係に、人間関係あるいは好き嫌い、あるいは政策上の対立によって起こることもある。地位をめぐる争いであればなおさらである。

もう一つのややこしさは、平沼が岡山県人であることから、彼が岡山出身の人を日本大学内で優遇した事件があり、これも同郷閥の争いという側面があるが、記述が複雑になるのでこれ以上言及しない。

騒動の発端は、医学部を追い出された額田豊博士（医学部の初代医学科長）を職場に復帰させる策を、山下・森本達の反山岡派が提案し、医学部生がストライキに入ったことにある。同時に学生達は山岡学長の不信任、すなわち退職を要求したのである。ちなみにこの額田は岡山県人で東大出身の医者であった。

医学生のストライキに対して、山岡支持派の学生も反山岡派に対して反対運動を行い、平沼派と山岡派の対立は頂点に達した。暴力事件も起きたし、逮捕事件や新聞沙汰にもなったので、大学当局は早急な収束策に走らざるをえず、一九三三(昭和八)年の三月に、額田の復帰を認めないこと、そして平沼総長の辞任と山岡総長の就任を決定した。表面的には山岡派の勝利で山岡新体制の誕生である。学生側には退学、無期限停学の処分も下された。

これで一件落着かと思われたが、表面上は敗者となった反山岡派は、今度は大学側の不正経理の問題を提出して、告訴の手段に訴えた。処分反対の学生側は大学校舎の占拠という手段を選び、大学は授業ができなくなる、という後遺症が残った。そして最終的には、大学当局は警官隊の導入を要請し、力ずくで占拠学生を排除したのである。

なぜ長々とこの日大騒動について書いたかといえば、二つの理由がある。一つめは、大学側はこの事件を機にして左翼学生への取り締まりを強化にするようになった。戦後の二大大学闘争ともいわれる日大闘争、あるいは古田・秋田闘争を後に詳しく述べるが、この時期の日大騒動は、その前哨戦と理解できる。二つめは、この出来事によって各学部の建物が離れてつくられるようになった。各学部の建物が近くにあると、学生が集まりやすいし相談して共同作戦をとりやすいので、各学部の建物を遠くに分散させる策を大学側は採用したのである。現代において日本大学のキャンパスはそれぞれが遠隔地にあることにお気付きの方もいるだろう。その方針の起源は昭和初期の日大騒動にあったのである。

最後に余談を一つ。平沼騏一郎は後になって内閣総理大臣になったが、そのときに司法大臣に誰を選ぶのか興味が持たれた。それは山岡萬之助ではなく、東大出身の司法官僚・塩野季彦であった。塩野も山岡、平沼と同様に保守・右翼思想の持主だったので、塩野の選択に不思議はない。山岡でなかったのは、学閥が関係したか、あるいは日大騒動の遺恨があったのか、不明である。好意的に解釈すれば、山岡には日大総長として活躍してほしいとの期待が平沼にあったのか、いろいろな理由が考えられる。

第2章　総合大学へ、マンモス大学へ

総合大学への道

これまでは「専門学校令」による名目だけの大学として存在していたが、一九二〇（大正九）年に日本大学は、他の私立大学とほぼ同じ時期に「大学令」によって実質の大学に昇格することになる。このとき、早稲田、慶應義塾、明治、法政、中央、国学院、同志社などの学校も真の意味の大学になったのである。

「専門学校令」における私立の大学は、帝国大学よりも実質的に劣位にあった。なぜならば、帝国大学に入学するには旧制中学校を卒業後に三年間の旧制高校を卒業しなければならなかった。一方の私立大学では旧制中学校を卒業後、平均一年間の予科を経てから大学に進学するので、帝国大と私立大の間には二年も修業年限に違いがあったわけである。しかも当時の法律専門職に注目すれば帝国大学出は無試験で裁判官や弁護士になれたが、私立大学出は本試験に合格してはじめてそれになれるのであった。帝国大出と私立大出の間には差があったのである。

前章で登場した山岡萬之助は日本大学教授と理事という立場にあり、「大学令」による大学化を果たすために、予科の年限を二年に延長したり、新しい学科を創設し、さらに校舎と図書館の整備を行なって「大学化」の準備を着々と行なっていた。

どのような学科が創設されていたのか。法律専門学校時代の一九〇四（明治三七）年には政治科と商科が存在していた。商科は後になって経済学部と商学部となる前身部局である。一九一七（大正六）年には宗教科、一九二〇（大正九）年には社会科、高等工学科などが創設された。高等工学科は後に大学の工学部になる。一九二一（大正一〇）年には美学科（後に芸術科と改名）、東洋歯科医学専門学校と併合して歯学科をつくった。美学科は後の芸術学部となるのであり、日大を代表する学部の基礎はこの頃に起源を持つのである。

宗教科の新設

単一の宗教を基礎におく単科大学、あるいは単一の宗教に依存する総合大学は存在するが、総合大学を目指す日本大学のような高等教育機関に複数の宗教を保持する宗教科があるのはめずらしい。そこで、ここでは宗教科についてすこしくわしく見ておきたい。宗教科については『日本大学百年史』、小松（1974）、が詳しいのでそれに依拠した。

日本においては、キリスト教、仏教、神道などを校是として、その宗教を柱にして単体で学校をつくる例は、明治・大正時代ではかなりあった。ところが日本大学はどれかの宗派に柱をおくのではなく、これら三つの宗教を学ぶことと、法律も同時に学ぶ学校として新学科の宗教科の設立を企画したのである。学内では宗教科の設立に反対意見が強かったが、山岡理事が自分の留学したドイツの大学では、キリスト教を教えているとの声を出すことによって日大は宗教科の創設にこぎつけた。

山岡は『日本大学略史』の中で次のように述べている。

宗教は何といっても崇高な知識を与えるものであるし、美学は何といっても審美的なよい精神を人間に与えるのでこの二つはとても意味深く、宗教科と美学科（後に芸術科となる）を設置するのです。

ここには山岡理事が宗教科と美学科を積極的に設置する動機が明瞭に書かれている。

私がドイツの大学にいたとき、人々は毎日曜日に教会に行って礼拝しており、とてもいい習慣と思いました。ドイツの大学を調べると、どこの大学にも神学部のないところはなく、宗教学校でない（我々）日本法律学校にも宗教科を設置したいのです。ただし神道、仏教、キリスト教のどれにも偏しない宗教科です。

長々と山岡理事の言葉を引用したのは、いずれもユニークな学科である宗教科と美術科の設置は、彼の強い意志の現れだと知ってほしいためである。美術科（後の芸術学部）は戦後になって日本大学を代表する学部になる。中世から近代のヨーロッパの大学は、神学、哲学、法学、医学を中心に教えていた。そのことからすれば、山岡が法律学校に神学に類する学科をつくりたいと思ったことは不思議ではない。

さらに大正時代という時代背景の影響があったことも考えられる。この時代は大正デモクラシーが吹き荒れ、社会運動や労働争議などが頻発していた。社会は騒然としている感があったのである。一方でこうした風潮を好まない一派もいて、どちらかといえば右派の思想に近い山岡などのグループは、宗教に期待して国民を堅実な思想の持主にしたい思惑もあった。

もう一つの動機は、山岡が刑法の専門家であることから、犯罪者を立ち直らせるような人々、すなわち教誨師、少年保護司、免囚保護といった実践的な宗教家の養成をも目的としていた。その証拠に、当時の日本では東京帝大だけが宗教学を教えており、純粋学問の匂いが強かったが、日大の宗教科はそれよりも神道、仏教、キリスト教をそれぞれ平等に教えて、卒業後はそれぞれの教団の実践家になることを排除しなかった。

こう見てくると、当時の日本ではそれぞれの宗教が固有の学校を独自に有して、宗教家になる人の養成を行なっていたことと、日本大学の宗教科とをどのように対比させて考えるべきだろうか。筆者の考えでは、東大宗教科のように純粋な学問として宗教を学ぶのではなく、かといって各宗派の持つ固有の宗教学校で実践家（宮司、僧侶、神父や牧師など）になる人の養成だけを行うものではなく、その中間の特色を持つのが日本大学の宗教科の特徴と言えると思う。

開設当初の開講科目を『日本大学百年史』で見ると、日本・東洋・西洋文明史、宗教史、神道学、仏教学、宗教学、倫理学、社会学、法学、救貧事業研究論、感化事業研究などを代表として、多彩な科目が教えられていたことがわかる。さらに仏教については、日蓮宗、天台宗、真言宗などの各宗派についても講義を行なっていた。

入学してくる大半の学生が寺院で育った人であり、地方に戻って寺院の住職になる人だったので、仏教の人気が高かったのは事実であった。しかし一部の卒業生は山岡の期待通り、刑務所などに就職して教誨や保護の仕事に就いたのである。あるいは各宗教の伝道家になる人もいた。

日大宗教科の名を世間に知らしめることになる事件が、一九二〇（大正九）年六月一七日の入学式の際に起こった。日比谷大神宮（現在の飯田橋大神宮）の宮司であった藤岡好古師が、高齢にもかかわらず祝詞を述べている最中に、脳卒中で倒れてその場で急死したのである。翌日の新聞でこのことが報道され、世の中に日大宗教科の名前が全国中でも知られるようになったのである。このめずらしい事件の発生と報道で学校と宗教科の名前は知られることとなる。

宗教科に関係してここで小松雄道という人物に注目したい。ここは小松（1974）に依拠する。小松雄道は日大宗教科の出身である。宗教科を卒業後、僧侶の身でありながら奨学金を受けてアメリカ留学を果たし、三年間コロンビア大学で宗教学を学んだ。学位を取得したかどうかは不明である。小松は衆議院議員選挙に立候補している。結果として落選しているが、人望のあった人かもしれないと想像できる。

第1章で述べた日大騒動も収まりつつあった頃、小松は山岡萬之助に呼ばれて日大法文学部の教授となり、宗教科の重鎮であるとともに日大幹部の一人となった。小松は拓殖科の創設に熱心だった。拓殖科によって、日本のアジア進出を実行するための人材確保策の片棒を担う教育を目指したのである。小松は日大の常務理事や学監にまでなっていく。

なぜ小松雄道、日大宗教科と拓殖科のことを少し長々と述べたかといえば、戦争前の日大ではどうしても保守派路線が強く、当時はかなりの勢力を持ちつつあった左翼学生を封じ込む方策の一人として小松がいたことを確認するためである。小松は国家主義政策にも賛意を示していた。現に小松は戦後GHQによって公職追放されている。大学当局も小松に対しては戦後になって大学への出入りを禁止している。小松はその処遇に大いに困惑した（抵抗もした）が、受けざるをえなかった。小松（1974）は本人の弁明の書と解釈できなくもない。

社会科

社会科は円谷《つぶらや》弘が中心になって創設された。秋田県の角館町出身の円谷は日本大学法律科に進学したが中退している。小笠原郡島で代用教員をしてから、京都帝大史学科で学んだという異色の経歴の持ち主である。その後文部省の役人をしていたが、山岡萬之助に誘われて母校に奉職することとなった。

当時は大正デモクラシーが盛んな時期であり、労働運動をはじめとして社会政策への関心が高かった。円谷は山岡に進言して、日大にも社会科を創設して、労働問題や社会問題を教える必要があると説いた。保守思想の山岡はこのような学問はいずれ社会主義思想につながるのではないか、という恐れを抱いたが、日本社会はこの問題を無視できないとして、社会科の創設を認めたのである。

ここで前章でも話題にした「日大騒動」で登場した山下博章と森本富士雄という、日本大学出身でドイツ留学組のマルクス主義者を思い出してほしい。円谷弘の学問・信条はこれらの左翼思想家よりも穏健な社会政策学派なので、山岡も円谷の社会科教授の地位を認めて、社会科創設を容認したのであろう。

円谷は学者肌ではなく、親分肌の性格を有していたので、学校の経営者としての素質があった。従って、高等工学校の設立にも関与したし、戦後の一九四六（昭和二一）年には日本大学における最初の理事長に就任している。円谷は日大卒業者ではないが中退者なので、日大卒業者が大学の幹部になる伝統を、多少なりとも引き継いだとも言える。

設立当初の社会科の講義科目と担当講師を『日本大学百年史』から知ることができ、興味深いことがわかる。東京帝大の文学部に社会学科が一九一九（大正八）年に日本で初めて設立されたのであるが、その翌年に日本の私立大学で初めての社会科が日本大学に設立された。日本大学関係者の先見性がここから垣間見える。

社会科の専任教授は円谷弘を含めてわずか三名であった。他の大多数の科目は東大や他の学校に属する非常勤講師によって教えられていた。当時の日本大学は夜間授業がほとんどだったので、外部の有名教授に非常勤で教えてもらうことが可能だったのである。

当時の大正デモクラシーの旗手である東大・吉野作造の新人会、早稲田大の民人同盟会、慶應大の反逆社、明治大のオーロラ会という左派のグループが結成されており、日大社会科の学生の中にもこれらの活動に参加する者もいた。

とはいえ、非常勤講師の中に日本神道の補永茂助、家族社会学で高名であり「帝大満蒙研究会」という国粋主義の団体の顧問をしていた戸田貞三、後に京大をGHQから追われた高田保馬なども教えていた。当時の日大社会科にはこうした右派の論客もいたことを記しておきたい。もっとも東大の美濃部達吉の「天皇機関説」を支持した永井亨、労働問題で有名で後に専修大学で総長になった道家斎一郎といった左派もいた。バランスのとれた講義を社会科では行なっていたと考えられる。

高等工学校

後の日本大学工学部になる高等工学校も社会科と同じ頃に創設された。最初の校長は佐野利器《としかた》であり、東京帝大卒の建築学者である。東大教授も務めて、建築構造や耐震理論家として有名な学者であった。佐野の建築家としての業績は、藤森照信『佐野利器論』（東大出版会）で知ることができる。佐野は一九二〇（大正九）年に創設された日大の高等工学校の校長に就任した。なお、建築会社「清水組（後の清水建設）」の副社長も務めたので、学界、実業界で大活躍した人物である。

なお小松（1974）によると、高等工学校の設立は、円谷や佐野によるものだけではなく、新しい学部（特に工学系の学校）の設立には多大な資金が必要なため、その資金提供者（例えば竹中組の社長や後に昭和電工を創設した森矗昶《のぶてる》など）の役割も非常に重要であると説いている。高等工学校の実務的あるいは教務的な創設は円谷弘や佐野利器であり、資金面で財界人も創設に貢献したようである、としておこう。

芸術科

設立当初は美学科と称されていたが、後に改称して芸術科となり、戦後は芸術学部として、有名学部となっている。「日藝」とも称されるほどの名門学部を語るには、松原寛を紹介せねばならない。

長崎県生まれの松原は、第一高等学校、京都帝大哲学科卒の学歴エリートであった。京大では有名な哲学者・西田幾太郎に師事した。卒業後に大阪の毎日新聞の記者をしていたとき、偶然にも京大同期の円谷弘に会う機会があり、円谷弘に勧められて日大の教員になった。

日本大学で創設された美学科の主任教授となるが、美学というのは哲学の一分野であり、しかも理念の先行する学問であった。松原は理念よりも実技を重視する人だったので、音楽、美術、演劇などのように、実技中心のことをもっと教える学科にしたかった。そこで一九三九（昭和一四）年に松原は映画の作成をしたり、ピアノ・ヴァイオリン・声楽を実践したり、絵画を描く科目を増やすようにした。

ところが当時は旧制大学というエリートの集まる場所なので、まわりの純粋学問を重視する一派から、実技中心の芸術教育に反対の声が沸き上がったのである。しかも音楽実習は近所にはうるさいし、モデル（例えば裸婦など）を使って描くのはよくない、映画をつくるのは学問ではない、等々の声が上がっていた。それでも、仮の教場を借りてそれら芸術活動の教育を行ったのである。芸術科は廃止の危機もあったが、なんとか生き延びて戦後を迎える。

東京芸術大学になる前の東京音楽学校や東京美術学校も、日大芸術科と同じく美術や音楽の実技を教えていた。これらの学校は大学ではなく専門学校であったし、プロの芸術家を養成することを目的としていたので実技の演習は大いにあったと思われる。しかし、これら専門学校に対してさほどの否定的な声はなかったが、日本大学になぜそういう声があったかといえば、二つの理由を指摘できる。

第一に、日大は制度上は旧制大学であり学問の府のイメージがあった。学問の府は実技を教えたり学んだりする必要なし、と考えられるところがあった。第二に、音楽学校や美術学校は設備が十分で近所に迷惑を掛けていなかったが、日大は仮の校舎での授業であれば設備は不十分で、近所に迷惑を掛けたからであろう。

創設当時の講義科目と担当講師を『日本大学百年史』で見ると、専任は松原寛（文学概論、西洋哲学史）を含めた三人だけで、他は非常勤講師で教えられたのは社会科と同じであった。演劇学、美学、美術史、音楽などの科目が教えられ、純粋学問以外の演劇、美術、音楽などの実技科目も教えられたことがわかる。

ところが入学生の数はどれだけかというと、『百年史』によると本科生はほんの数名であった。当時の『日大新聞』によると二〜三〇名の学生が美学科に在籍していて盛況であったと書かれているが、実質はこれらの学生の大半は選科の学生だったのである。ここで選科生とは、正規の学生である本科生と異なり、選択した科目だけの授業を受けることができ、卒業資格の与えられない学生である。日本大学美学科の設立方針には悪いものはなかったが、なぜ本科生がそういなかったのか、筆者の解釈を述べておこう。

それは当時の東京には東京音楽学校や東京美術学校（後の東京芸術大学）、あるいは私立の専門学校などがあって、音楽家や美術家、あるいはそれらを教える教師を育てる学校として人気が高く、残念ながら日大美学科はその伝統がまだなく、本科生を集められなかったためであろうと思われる。ただし音楽・美術以外で演劇の実技を日大で教えたことはとても新しい試みであり、後の時代になってシナリオライター、俳優、監督などで一流の人物を日大芸術学部は生むことになる。大正時代に演劇を教えていたことは称賛されてよい。

歯学科

文科系の学校である日本大学に理科系の学科、つまり歯学科が加わったのは一九二一（大正一〇）年であった。東洋歯科医学専門学校を吸収合併して、新しい歯学科をつくったのである。この学校は佐藤運雄というアメリカのシカゴ大学で学んだ歯科医によって創設されたものである。佐藤は歯科を医学的に治療・研究する方針に熱心であったが、当初考えられていた医科を創設するどころか、経済的には苦しい学校経営を強いられていた。

そこで総合大学化に熱心であった理事の山岡萬之助と相談の上、東洋歯科医学専門学校を日本大学に合併させる合意に至ったのである。将来的には日本大学に医学科をつくるという意図もあったと思われるが、差し当たっては歯学科からのスタートであった。ただし実態は旧制大学ではなく、専門学校令による大学であった。

ところが、当時の教育界の不思議なところであるが、合併した歯学科はまだ文部省に認定されていなかった。現代であれば新学部・新学科の誕生自体は文科省の認可を必要としているが、当時はまだそうでなく日大歯学科の卒業生は、まだ歯科医の資格を持てない、という状況であった。

そこで佐藤や山岡は認定を文部省から得るべく努力したが、不幸にして一九二三（大正一二）年の関東大震災によって、校舎は全焼してしまった。この災害にもかかわらず日大の教職員、学生の努力によってなんとか駿河台に鉄筋コンクリートの校舎と病院を完成させたのである。この努力が実を結び、ようやく一九二四（大正一三）年に文部省の認定が下り、第一回卒業生は無事に無試験で歯科医の資格を得ることができるようになったのである。

こうして歯学科は順調にスタートした。この歯学科で学び、後の教授になった鈴木勝は日大を論じるうえで重要な人物である。日大は戦後、後に詳述する日大闘争に巻き込まれることになるが、この闘争後に総長になったのが鈴木であった。そのことは後に再び言及する。

医学科

歯学科に遅れての三年後の一九二五（大正一四）年に日本大学医学科は誕生した。総合大学を目指す日大にとっては、歯学科だけでは当然満足ではなく、当時の総長であった平沼騏一郎、既に第1章で述べた日大騒動のときに登場した東大出身の額田豊校長などによって医学科設立は推進された。医学科の建設には校舎のみならず病院も建設せねばならず、多額の寄付を財界から得ていた。寄付をした代表的な財界人としては、紡績業（東京富士瓦斯紡績や日清紡績など）において成功した日比谷平左衛門などがいる。この日比谷は慶應義塾の医学科の振興に尽くした人物であり、そうした実績から日大側も医科創設の支援を頼んだのであろう。

なお小松（1974）には初代校長の額田豊は、校名を「日本大学額田医学専門学校」としたかった、と書かれている。学内では山岡理事などの反対意見が強く、その校名は学内で通ることはなかった。この結果、額田は日大をやめることになる。この«のち額田が復帰するという話が発端となり、日大騒動が起こったことは、既に第1章で述べた。

ここで個人名が学校の名前として用いられる可否を考えてみよう。医学関係であれば、北里柴三郎の北里大学がある。北里は高名な医学者であるが、北里大学設立時においては本人はかなり以前に亡くなった人物であった。北里大学は一九六二（昭和三七）年に北里研究所を母体にして創設されている。額田のように存命中の現役の人の名前を校名にするのには、さすがに抵抗があったのであろう。

もっとも藤田啓介は医者でありながら、看護・臨床検査の学校を一九六四（昭和三九）年に藤田学園としてつくり、後の藤田医科大学の基礎となった。今や日本一の病床数を誇る医科大学（愛知県豊明市）にまで成長している。この大学は大学名を創立者の名前で用いている。ところでアメリカでは創設者の氏名を校名に用いるのは珍しくはない。例えば、医学を語っているので、医学部が全米一位か二位を競うジョンズ・ホプキンス大学がある。事業経営で成功した彼は、大学と病院を寄付して個人名を冠にして大学を創設した。西の名門スタンフォード大学もそうである。

話題を日本大学医学科に戻そう。日大医学科について語るのに、永沢滋について触れないわけにはいかないだろう。永沢は日大専門部医学科を卒業後、母校に残って医学部教授となった。永沢は医学部の発展に尽くしたのであるが、その象徴的な実績として、太平洋戦争によって板橋病院が全焼した後に、寄付を集めて再建に努力したことがある。後に学長・理事長にまでなって経営の中枢となった。

ここで歯学部の鈴木勝、医学部の永沢滋の両名の名前を記憶してほしい。日本大学は日大で学び、そして教えた人を、大学幹部として登用する慣習を尊重している代表例である。

女子学生の入学

日本大学に女子学生が初めて入学したのは、一九二〇（大正九）年であった。大学に昇格した年と同じであるが、女子学生の入学は専門部と高等師範部だけであり、大学では本科生はまだで選科生としてだけであった。

日本の旧制大学で最初に女性の入学を認めたのは一九一三（大正二）年の東北帝大であった。このとき入学したのは、女子の専門学校を卒業した黒田チカ、牧田らく、丹下ウメの三名であった。これらの人のその後については橘木（2011）で詳しく述べた。当時の帝国大学は旧制高校を卒業した男子だけに受験の機会が与えられていたが、初代総長の澤柳政太郎の英断で、専門学校出の人にも資格を与えたのである。そこには東京帝大のように旧制高校出身の男子を十分に入学生として確保できればよいが、新設の東北帝大は専門学校出身まで範囲を拡げないと欠員が出てしまうという事情があった。

しかし澤柳は帝国大学令には「男子に限る」という文言のないことに気付いて、女子も入学させてよいと判断した。その英断は称賛に価する。実は山岡萬之助も同じ論理で、日本大学の学則には「男子に限る」という文言がないのを逆手にとって、女子の入学を日本大学で認めたのである。山岡の気持ちとしては、「ドイツの大学では男女共学があたり前であり、女子にも同等の教育を与えるべし」と思ったのであり、先見性は評価したい。しかしこのとき女子の入学は大学部までには及ばず、専門部だけに限定したのは残念である。

一九二三（大正一二）年には少数ながら卒業生一二名を送り出しているが、卒業した一二名の女性がその後どういう人生を送ったかは不明である。彼女たちがどういう学科で学んだのかについては『日本大学百年史』でわかる。専門部の政治科一名、宗教科二名、社会科五名、高等師範部国語漢文科四名であった。

表 2-1　主要私立大学の学生数の推移（単位は 10 名）

	大正 9 年	大正 14 年	昭和 5 年	昭和 10 年	昭和 15 年	昭和 21 年
日本	792	1,763	3,962	3,947	5,288	5,092
慶應義塾	2,152	5,809	6,771	6,759	7,938	6,125
早稲田	5,633	5,734	7,631	8,174	9,217	6,984
明示	631	2,451	3,618	3,345	4,059	1,881
法政	126	2,325	2,767	2,540	2,408	1,950
中央	227	1,562	1,880	2,642	3,508	3,052
国学院	31	24	537	566	641	359
立教	−	660	1,202	1,415	1,893	1,204
計	9,891	29,140	40,777	41,960	50,278	37,676

出所：『日本大学百年史』

規模拡張路線——マンモス大学への道

一九二〇（大正九）年の大学令によって、日本大学は正真正銘の大学に昇格したが、この頃から学校の規模を大きくする策に転じた。既に紹介したようにいくつかの新学科の創設がこれに貢献したのであるが、既存の学部・学科でも在学生の数を増やす策を採用したのである。現代では日本大学は全国一の学生数を誇るマンモス大学であるが、そこに至るまでの道はこの頃から始まったのである。

学生数によってこのことを確認しておこう。一九一八（大正七）年には学生数はおよそ四〇〇〇名であったが、一九二〇（大正九）年には七九〇〇名と倍増している。さらに一九二三（大正一二）年には一万一五〇〇名になっている。およそ五年間のうちに三倍弱の増加で、大規模化が顕著である。およそ一五年後の一九三八（昭和一三）年には約二万二五〇〇名になったというから、その間に約二倍に学生数が増えている。

では日本大学は他の私立大学と比較すると学生数はどの位置にいたのか。表2―1は一九二〇（大正九）年から一九四六（昭和二一）年までの、旧制大学における私立大学の学生数のほぼ五年おきの推移を示したものである。

日本の私立大学を知る上で興味深い事実がいくつかある。第一に、本書の主題である日本大学に関しては、既に述べたように大学部の学生数は大学に昇格した一九二〇（大正九）年という初期の頃は少なかったが、その後増加したことがわかる。終戦時においては、早稲田・慶應に次ぐ第三位の規模にまで成長している。

第二に、初期の頃は早稲田と慶應が圧倒的に多い学生数を誇っていた。特に早稲田は慶應の三倍前後の学生数だったので、当時のマンモス大学は早稲田大学だったのである。

第三に、明治、法政、中央という大学も二〇年の間に成長したことがわかるが、日本大学の急成長振りにはかなわなかった。ここに日本大学が戦前からマンモス大学を目指していた事実が他の大学との比較の上でわかる。

第四に、ほとんどの大学が終戦直後の一九四六（昭和二一）年に学生数を減らしていることが示されている。これは戦争の影響を受けて、国民の間で大学進学をするような余裕がなかったこと、若者が徴兵によって兵隊員になったことが影響している。

なぜ日本大学のような私立大学が学生数の増加策を採用したかといえば、高等教育への需要が高くなったことが大きい。さらに、国家からの支援はさほど期待できない時代なので、文科系の諸学部・諸学科で学生数を増やして大教室の授業での大人数学生という教育方式を定着させることによって、授業料収入を増やす目的があった。理科系の学部・学科は資金がかかるのでなるべく抑制し、一教員あたりの学生数を多く保てる法、文、商、経という文科系の学部を中心にして総合大学化を図ったのである。

とはいえ既に述べたように、日本大学は専門部の歯学科、医学科、高等工学校を新設しているので、文科系だけではなく理科系をも保有していたことを評価したい。日本大学が総合大学を目指していたのは、こうしたことからもわかる。しかし学生数からすると、文科系が圧倒的に多く、文科系の学部に新しい学科も創設されていく。たとえば一九二三（大正一二）年には法学部に文学科、商学部に経済学科が創設された。これらの新学科は後に文理学部、経済学部と新しく発展していくことになる。

夜間部の廃止

日本法律学校以来の伝統で、日本大学は夜間授業を行なっていた。これはそれ以降に発足した高等師範部、商科、政治科、宗教科、美学科、高等工学科などのすべての学科を通じての夜間講座であった。その後昼間の講義も行われるようになったが、学生数としては圧倒的に夜間部が多かったのである。
夜間部学生が主流というのは、昼間は働いて所得を稼ぎ、夜は学校で学ぶという勤労学生の希望を満たす意味があった。当時の日本は今以上の格差社会であり、高等教育（旧制高校、専門学校、旧制大学）を受けることのできた人は裕福な家庭で育った子弟に限られていた。中には貧しい環境や家庭の子弟でも養子先や篤志家の支援によって高等教育を受けることもあったが、そうした例はそれほど多くはなかった。大半は高等教育をあきらめるか、昼間働いて夜間の学校に通う道しかなかったのである。

日本大学はこうした夜間部の学校だったので、多くの勤労学生が学んでいた。夜間部のメリットのもう一つは、先にも述べたように、他の昼間部の学校（東京帝大や東京高商（後の東京商大、一橋大）など）の優秀な教授を、非常勤として夜間の講義を日大で教えることが可能であった点だ。

こうした日本大学の特徴があったにもかかわらず、総長になった山岡萬之助は、夜間部を廃止して昼間部だけの学校にしたい、という方針を打ち出したのである。徐々に日大の中で昼間部の授業を取る学生の数が増加し始めたという事情もあった。山岡の動機は、学問の府としての名声と社会的評価を高めるには、他の昼間部の旧制高校、専門学校、旧制大学のように研究と教育を昼間に行うのがふさわしい、と思ったのであろう。

この案に対して、内部の大学関係者から反対運動が起きた。例えば『日本大学百年史』には本部の総務であった鎌田彦一が、「夜は日本大学の発祥をなすもので、官庁、銀行、会社、中小学校等に勤務する苦学力行の士が沢山集まって成績をあげているのであるから、何時までも存続させた方がよい」と山岡総長に具申したことが書かれている。

日本大学の幹部あるいは教授陣に、社会主義に親近感を持つ人がいれば、苦学する勤労学生のために夜間部の存続を主張する人物も現れたかもしれない。しかし、鎌田などの反対論などあったにはあったが、夜間部の廃止はそう混乱もなく決定した。昼間部に特化して、本来の教育の姿にして質の向上を目指す方向に舵を切ったのである。

左翼と右翼の対立

大正デモクラシーの時代は、マルクス思想が日本にも入ってきていて、左翼運動の見られた時代であった。大学生の間でも左翼思想はかなり浸透しており、例えば東京帝大の新人会や早稲田の普通選挙促進同盟会に刺激を受けて、日本大学でもその動きのあったことが『日本大学百年史』に書かれている。

日本大学の学生も「学生社会科学連合会」に参加していたし、日本大学プロレタリア作家同盟、反帝同盟日大班、日大ロシア革命記念共同闘争委員会、読書会連盟協議会など十数個の学生団体がマルクス・レーニン主義の勉強会を行ったり、いろいろな啓蒙活動や運動を行なっていた。当時は治安維持法などが制定された時代であり、こうした活動は当局からにらまれようになっていた。

特に活躍の目立ったのは読書会である。予科の学生（特に乙部（夜間部のこと））に運動家が多かった。夜間部の学生は勤労苦学生であることから、社会主義や労働運動に熱心になることはある程度予想できる。大学幹部に右翼の思想家の多い日本大学なら、夜間部にこういう左翼の学生の多いことを快く思わず、夜間部の廃止策に出た理由の一つと解釈しても間違いはないであろう。

一方の右翼はどうか。大正・昭和初期の時代においては右翼的な思想の方が強かったと、社会全体の動向からしても言える。大学においても、東京帝大の木曜会（後の興国同志会）、早稲田大においての潮の会、慶應義塾の光の会、拓殖大学の魂の会、そして日本大学にも東の会が結成された。昭和時代に入ると、各大学の学生が参加して愛国学生連盟が一九二八（昭和三）年に設立され、国粋主義、日本主義を掲げて運動を始めたのである。

特に日本大学にとって記されねばならない事項は、一九二四（大正一三）年に発会した国本社《こくほんしゃ》である。自由主義・民主主義よりも、日本精神を強調して、日本国の発展を期する国粋主義を標榜する教化組織である。特に当時勢いを得つつあったマルクス主義や社会主義を嫌う思想であった。この国本社の会長に当時の検事総長でもあった平沼騏一郎がなったのである。平沼の名前は既に本書でも登場したが、日本大学の総長でもあった。

国本社の設立の経緯と発展を簡単に述べておこう。国本社については萩原（2019）に拠る。東大の美濃部達吉の「天皇機関説」に反対していた同じく東大の憲法学者である上杉愼吉、そして弁護士の竹内賀久治（後の法政大学総長）などが国粋主義の雑誌『国本』を発行して、盛んに右翼思想を主張していた。そこで自分達の思想を流布するための組織として国本社をつくり、会長に同じ思想を持つ平沼を選んだのである。会員には司法・内務省関係者、軍人、経済人、学者などが集まり、昭和初期には一万数千人を擁する団体にまでなっていた。

副会長には日露戦争の時の日本海戦で、ロシアのバルチック艦隊を破った海軍司令官の東郷平八郎、東大総長の山川健次郎がなった。東郷は後に軍神とまで崇められた人であるし、山川は天下の東京帝大の総長なので、軍と学界の重要人物を選ぶという周到堅固さであった。日本大学からも山岡萬之助などが理事になっていたので、会長の平沼とともに国本社では勢力を保持できたし、逆の見方をすれば日本大学は保守派、国粋派の学校と解されて当然であった。

日本大学は国本社の支部をつくり、会長は当然のごとく平沼騏一郎であり、幹部に平沼に近い司法界の大物右翼の塩野季彦、鈴木喜三郎をはじめ、日大関係者の名前が連なっている。ついでながら日本大学以外に国本社の支部が大学に設けられたのは、明治、慶應、早稲田、中央、法政、東京農大などであった。東京帝大に支部のなかったのは、私立大学でないこと、さらには当時の東大は左翼が結構強かったので、支部をつくらなかったということかもしれないが、事実まではわからない。

第1章で述べたように、日大騒動によって一九三三（昭和八）年の三月末に平沼が日大総長を辞した。また一九三六（昭和一一）年に枢密院の議長となったことによって、平沼は国本社の会長を辞任し、国本社も解散することとなった。なお平沼は三年後に首相になったが在任は八カ月と短く、しかも戦後にA級戦犯として公職追放処分になっている。

長々と国本社のことを書き綴った最大の理由は、国粋主義の平沼騏一郎が日本大学の総長だったことを確認し、そのことから大学自体が戦前は保守、右翼路線であったことの証拠を示したかったためである。『日本大学百年史』においても日本大学が保守色の濃い大学であったことを認める記述をしている。

この流れの一つは、一九三七（昭和一二）年に、日本大学本部内に「皇道研究所」のつくられたことでも示される。一般向けにこの研究所で講義を行うようになった中心人物は、日本法律学校の母体であった皇典講習所にいた学祖・山田顕義と親交のあった今泉定助であった。今泉は国文学者と神道学者として名が通っており、当時の日本で天皇中心の親政を主張する「国体明徴」運動が高まるなか、神道思想を盛んに提唱していた論客であった。総長であった山岡萬之助とも親交のあったことが、「皇道研究所」の創設につながったのである。これは東大教授で「天皇機関説」を主張した美濃部達吉への反対論が強くなっていた頃の動きの一つでもあった。

この「皇道研究所」は終戦の一九四五（昭和二〇）年まで存続して、多彩な講師陣が神道、皇道、政治、日本古典などの講義を一般向けに行った。当然のことながら終戦とともに活動を終えた。

学生生活と就職状況

大正末期から昭和初期において、日本大学の学生がどのような学生生活を送っていたかを簡単に知っておこう。それは学費や生活費にどれだけ払っていたか、学校での勉強とクラブ活動、そして卒業後の就職先といった点に注意を払う。

一九三九（昭和一四）年の専門部商科学生の授業料が九〇円だったと記されている。同時代における統計を見ると、大学卒の初任給が七五〜八〇円、巡査の初任給が四五円、給与所得者の年収が七四八円（月収に換算すると六二円）と『日本大学百年史』に記されているので、当時の私立大学（専門部）の授業料はかなり高く、当時は専門学校、大学といった高等教育を受けるには、相当な学費を必要としたことがわかる。かなり裕福な家庭の子息でない限り、高等教育を受けることは不可能だったことが戦前の日本の実情だったのである。

ちなみに表2―2によって、大学と専門部、そして専攻科目別で授業料の額がどう異なるかを見ておこう。昭和一四年の専門部商科の授業料は九〇円だったが、昭和一六年はそれが一〇〇円になっているので、二年間で一〇円の値上げのあったことがわかる。

この表で戦前の学費の特色がいくつかわかる。第一に、大学と専門部では授業料の差が医学部を除いて二〇円から四〇円であり、大学部の方が多少高い、という程度であった。第二に、ただし医学部だけは特殊な額が設定されており、大学が四五〇円、専門部が二五〇円と他の学部より

表 2-2　授業料（昭和 16 年）

部科別		授業料
学部	法学部及商経学部	130 円
	法文学部芸術学科	150
	法文学部及商経学部選科	77
	工学部	240
	工学部選科	100
	医学部	450
大学院		100
予科	文科	110
	理科甲	150
	理科乙	300
専門部	法・政・宗・社・文・拓・商・経科	100
	高等専攻科	77
	経済組合専攻科	100
	芸術科	130
	芸術科高等専攻科	80
	芸術科専科	55
	高等師範部	110
	師範部専修科	110
	医学部	250
	歯科	150
	工科	200

注：「昭和十七年度　理事会記録」より作成。予科理科乙類は医学部進学の予科。

かなり高い授業料であった。今の私立大学の医学部も高い授業料なので、いつの時代でも医者の養成にはお金がかかるのである。しかし現代においては国公立大学では学部間に授業料の差を設定していないことに注意しておこう。すなわち資金のかかる医学部教育においても、国公立大学は授業料を抑制しているのである。

参考までに当時の帝国大学の授業料を調べてみると、一〇〇円前後の数字だったので、戦前においては官立大学と私立大学の学費差はほとんどなかったのである。これは現代と比較すると異なる点なので、とても興味深い事実である。戦前の旧制大学の時代には大学進学率はとても低くて、既に述べたように裕福な家庭の子弟しか進学できず、エリートとみなしてよかったので、設立母体での学費の区別はさほどなかったのである。とはいえ、帝国大学の方が私立大学よりもエリート性の高いことは厳然と存在していたのも事実である。

次は卒業生がどのような分野で働くようになったかである。表2―3は日本大学と全私立大学の卒業生がどのような分野に就職したかを示したものである。

他の私立大学と比較して、日本大学卒業生の職業の特色として次のようなことを指摘できる。第一に、司法と弁護士の世界に進む者の比率の高いことがわかるが、これは創立が日本法律学校であるし、その後も法律を学ぶ学生の比率が高かったので、学校の特色をそのまま反映していると理解できる。

第二に、民間の銀行や会社員として就職する人の比率が、他の私立大学と比較して低い。これは第一のことと似ていて、まだ商科や経済科で学ぶ学生の数が法律や政治を学ぶ人と比較して少なかったので、民間企業に就職を希望する学生が少なかったからである。

第三に、そう多くはないが公務員や教師になる人が少なからずいた。それよりも自営業になった人がかなりいることに注目したい。これは親の職業を引き継ぐ人の多いことの反映で、今の日大生の特色にもつながる特性とみなしてよいと思われる。あるいは当時は「大学は出たけれど就職は難し」という人気語があったほど大学出の就職は困難だったので、就職先が見つけられず自営業に就いたか、一部には所属先なしの人もいたのである。

スポーツの日大

最後に、今はときめく「スポーツの日大」がいつ頃から始まったのか、学生の体育会活動を簡単に振り返ってみたい。夜間部の学校だったので、練習時間の制約があり、日本大学のスポーツ活動は盛んではなかった。しかし昼間部だけにしたことによって徐々にではあるが、学生に時間の余裕ができて、スポーツが盛んになるのは当然の成り行きであった。

どういうスポーツが学生のクラブ活動の一環として始まったのか。早い時期には野球部、端艇部(ボート部)、柔道部、剣道部が創部されており、その後水泳部、陸上競技部、相撲部などが続いた。水泳部と相撲部は後に強くなるので再び言及するが、ここで筆者の好きな野球について一

表 2-3　日本大学および全私立大学卒業生の分野別就職先

職種	大正 13	14	15	昭和 2	3	4	5	6
行政官吏	50 267	54 371	63 497	22 108	16 97	21 149	19 139	22 147
司法官吏	1 9	4 20	6 39	4 25	6 23	7 22	8 25	5 18
技術官吏	- 140	- 170	- 185	- 40	- 25	8 119	- 36	- 31
公吏	1 124	2 146	6 165	25 160	18 107	30 124	31 147	25 228
陸軍幹部候補兵・兵役	一年志願兵 283	3 208	4 270	7 127	11 105	- 134	- 177	- 183
弁護士	- 7	6 18	9 26	5 10	7 18	6 15	16 33	10 28
学校職員	11 244	20 471	35 648	35 280	31 223	43 290	39 232	41 234
銀行・会社員	12 2331	29 3577	47 4871	54 980	25 1184	27 1015	32 876	26 1153
新聞・雑誌記者	2 83	5 138	7 201	4 25	5 44	12 77	13 72	21 101
自営				- 248	70 250	78 330	45 347	66 490
その他の業務者	5 404	5 861	31 172	- 67	- 50	2 148	3 171	2 88
勉強中・留学	2 249	2 218	14 435	22 128	32 124	13 189	17 231	21 299
職業未定・不詳者	4 1437	125 2425	220 3016	36 877	- 1192	- 21	89 1913	128 2021
合計	88 5771	251 8912	442 11363	214 3182	221 3618	268 4564	312 4590	367 5276

注：『文部省年俸』（各年度）より作成。
　　欄数字の上段は日本大学、下段は全国私立大学総計。
　　大正 15 年までは、創立以来の累計。
出所：『日本大学百年史』第 2 巻

言述べておこう。

日本大学は東京六大学野球（早稲田、慶應、明治、法政、立教、東大）のメンバーではない。日大は一九三一（昭和六）年に今の東都大学リーグの前身である東部五大学野球連盟（日大、専修、中央、国学院、東京商大）を結成して、リーグ戦を行なっていた。

なぜ日大が東京六大学連盟に加入しなかった（あるいはできなかった）かを調べてみた。それについては橘木（2016）、橘木・齋藤（2012）で論じたことであるが、そこでは日大のことは触れず、中央大がなぜ外れて東大がなぜ入ったかを書いた。

そもそも東京六大学野球は伝統の早慶戦がスタートであり、そこに明治が加わって三大学リーグとなり、後に法政が加わって四大学リーグになっていた。東京の多くの私立大学が日本大学を含めてもともとは法律学校がスタートであるが、どの国の法律を重視するかで対立があったことはすでに述べた通りである。フランス法の明治、法政、イギリス法の中央、専修がそうであった。日本大学も本書で示したようにもともとはフランス法の学校であったことを思い出してほしい。

フランス法の明治と法政が中央と専修の排除に走ったのはわかるが、なぜ日大に声を掛けなかったか。この理由は推測の域を出ない。本書でも明らかにしたように日本主義化、保守化の途を歩み出した日大を避けたのではないだろうか。国学院も右翼色の強かったのが災いした。もう一つは、日大では野球がまだメジャーなスポーツでなかったこともあるかもしれない。東大が加盟したのはなんといっても日本一の東京帝大を外せないからであるし、野球が日本でプレイされ出した頃は旧制一高（東大の前身）が一番強かった歴史がある。
残りのもう一つ、立教大の加入はもう一つはっきりしない。そもそも候補としては、野球の強かった明治学院、そして青山学院などが考えられるが、なぜ排除されたのか。当時は、明治学院と慶應が仲が良く、青山学院と早稲田が仲が良いのが有名で、早慶がお互いに相手チームとなる両校の加入に乗り気でなかったためではないかとされている。立教は法律学校ではなく、しかもどの学校とも個別に仲が良いわけではない、言うなれば無色の学校なので、最後の一校として指名されたのかもしれない。

創立五〇周年記念事業

一九三九（昭和一四）年は一八八九（明治二二）年に日本法律学校の創立以来、日本大学の創立五〇周年にあたる年であった。一〇月四日に記念式典が挙行され、山岡総長は次のような現状報告の演説を行った。これまで五〇年間で日本大学がどのような姿になったかがよくわかるので、引用しておこう。

本大学は大正七年に制定せられました新大学令に依る大学部を中心といたしまして、これに専門学校令による専門部と付属の中学校、商業学校、工業学校およびその他各種学校、幼稚園などより成り立っておるのであります。

大学部は法文学部、商経学部および工学部の三学部とこれに進むべき予科を有し、専門部は法律科、政治科、宗教科、社会科、文科、芸術科、拓殖科、商科、経済科、工科、医科、歯科および高等師範部の十三科を有し、他に高等工学校一校、歯科医学校一校、外国語学校一校、中学校五校、商業学校四校、工業学校一校、工学校二校および幼稚園一校を有しております。

法文および商経に関する学科ならびに高等師範部の施設は神田三崎町に、工学関係の学科ならびに歯科の校舎、同附属病院は駿河台に、医学科に関する施設は板橋区大谷口町に、芸術科および外国語学校は本郷に、予科、文科の校舎は世田谷区上北沢に、また、第一中学ならびに商業学校は本所区横網町に、第二中学校および商業学校は杉並区天沼に、第三中学校および商業学校は赤坂区中ノ町に、第四中学校および商業学校は横浜市子安にあります。なお大阪市には法律経済に関する専門学校、中学校、および工学校などが設置されております。

現在の学生生徒の総数は二万五千名でございまして、卒業生数は六万二千名に及んでおります。そしてその中より行政官、司法官および弁護士などの国家試験に及第した者は約二千名、無試験検定をもって中等教員および高等教員の資格を有する者は五千名に達しております。また医学科および歯科の卒業生は、すべて開業の免状を受ける資格を有し、工学方面の卒業生は技術者としてただちに社会の各方面に活動ができるしだいであります。

これを読むことによって、日大の当時の現況と特色がよくわかるので、それを箇条書きにまとめてみよう。この頃の姿が現代の日本大学の姿の起源である。

(1) 大学部は法文、商経、工学の三学部と、それぞれの予科を有している。

(2) 専門部は、法律、政治、宗教、社会、文科、芸術、拓殖、商、経、工、医、歯、高等師範を有し、総合大学である。

(3) 大学・専門部の下に工業学校、外国語学校、中学校、商業学校などの付属校を有し、今の日本大学が総合学園である姿がこの頃から始まっていた。

(4) 校舎を一カ所、二カ所に集めるのではなく、各地に分散させる方式を採用していた。

山岡総長は、五〇周年記念事業に先立つ趣意書において次のような文章を掲載している。まずは日本大学が関係者の努力によって、総合大学として発展してきた歴史を讃え、出身者が社会の各方面で活躍している姿を誇りに思う文章をまず記した上で、次のような文書を加えた。

わが日本大学は、明治二十年代に横行した無自覚的欧米追随の弊風を排して、皇国日本の新学風を興起するがために、時の先覚者山田顕義伯の主唱に依つて生れたものである。即ち、わが日本大学は、日本国体の尊厳を崇重して、建国の大精神を仰慕し、皇道を内外に宣揚せんことを主旨とした。かかるは方針の下に、日本独自の新文化創建に努め、学術上、思想上世界に独歩しようと志したのである。斯く、わが日本大学が、途中万難によく堪え困苦に打克つて、教の隆昌を実現したのは、当事者の献身的努力にも因るけれども一面学風が、嶄然他を抜いたからである。

（中略）願わくば、校友諸君並に江湖の諸賢、わが日本大学の精神、理想のある所を諒とし、過去半世紀に於ける普段の努力、向上に同感せられ、大なる支援を寄せられたい。

この文章こそが、戦前の日本大学の主義・主張を表現しているものと判断できるので、そのまま引用した次第である。終戦後の新制大学の開設にあたって、山岡総長を筆頭に幹部の一部は公職追放になる所為の一つである。

財務管理

こうして日本大学は総合大学化と大規模大学化を図ったが、大学の経営管理、特に財務管理をどうするかが当然の課題となった。戦後に会頭となった古田重二良はますますの大規模化を図るとともに、日大闘争のきっかけをつくった人であるが、そのときに部局の独立採算性を導入したのである。この独立採算性の走りが戦前（昭和九年頃）に見られたので、そのことを一言述べておこう。

当時は大学幹部の間で経理をどうするか、種々の案が議論されたことが『日本大学百年史』に詳しい。日本大学の財政が安定していなかったので、どう改善したらよいのか、当然の課題であった。到達した大学の経理方針は「独立計算制」と称されている。

論点は、本部に権限を与えて、集中して経理を行う「統一会計制」案か、各部局が独自に裁量権を持つ「完全独立計算制」という案か、の両極端と、その中間を採用するかであった。前者であれば、財政の豊かな部局から弱い部局への財政移転はありうるが、後者ではそれはほとんどないので、財政の弱い部局は規模の縮小か、最悪だと廃部を迫られることもありうる。

当時の日本大学の採用した方針は、中間の案であった。しかし中間の案といっても本部がどの程度の権限を持って部局間の調整にあたるのかが肝心である。得られた最終的な案は、基本的に各部局の「独立計算制」に依存するが、部局によって資金不足が生じたときは、本部からその部局に資金の融通はありうる、としたのである。部局の責任において財政をしっかり管理せよ、という方針を要求しているので、独立計算性の芽はこの時代から日本大学で始まったと理解できる。とはいえ財政の弱い部局は本部からの支援はあるとはいえ、支援をお願いすることはある種の恥にもなる。「独立計算制」は一方で、経営的な努力をせよ、というプレッシャーにもなったに違いない。

第Ⅱ部　新生、闘争、そして変革——戦後

第3章　新制大学へ——太平洋戦争前後の推移

新制大学の誕生

軍国主義と帝国主義に走った日本は、アメリカとの太平洋戦争に突入し、多くの人命を失い、かつ経済の破壊を経験した。戦争前と戦争中は大学も戦争に協力する姿勢が強要され、軍事教練が導入されたし、戦争に入れば学徒動員として兵役に召集された。日本大学のみならず日本の全ての大学がこの動向に組み込まれた苦労を味わったが、本書の本題から離れるのでこれらについては詳細は述べない。

むしろ日本大学にとって幸いだったのは、こと戦争による大学の被害という点だけで言えば、世田谷予科（現在の文理学部）と板橋の医学部付属病院の焼失だけですんだことであった。それに比べれば、むしろ一九二三（大正一二）年の関東大震災による被害の方が甚大であり、『日本大学百年史』はそちらの報告に多大なページを割いている。

一九四五（昭和二〇）年の終戦時の日本大学は、法文、経済、工、医、農の五学部と、予科、専門部（法律、宗教、拓殖、経済、芸術、歯学、高等師範など）を持つ学校であった。規模は大きかったが、現在のマンモス大学と比較すると規模はまだそれほどでもなかった。

占領下のＧＨＱ（連合軍総司令部）の主導により、教育改革が行われた。それらは、（１）六・三・三・四制の導入、（２）小・中学校を義務教育とし、少なくとも公立校に関しては、小学区制を原則、（３）原則は男女共学とするが、私立校の存在を認めて、望めば男女別学を認めた、（４）教育の民主化、例えば教職員組合の結成容認など、が導入された。

もう一つの重要な改革は、政治犯のみならず教職にいる人の公職追放策が実行された点である。すなわち日本の軍国主義・国粋主義に協力した人が追放の命を受けた。日本大学でのその代表は総長を長年勤めた山岡萬之助であった。彼が追放された主たる理由は、司法省刑事局長のときの「治安維持法」の作成、内務省警保局長のときの左翼弾圧、日大総長のときの国粋的政策の鼓舞などであった。日大出身者で長い期間を教授、総長の任にいた山岡の退陣なので、その影響には計り知れないものがあった。終戦後の山岡総長は敗戦を受けて、「これからの日本大学は民主主義で進む」と宣言はしたが、時すでに遅しであった。

山岡以外にも追放を受けた幹部は、宗教科・拓殖科の重鎮であった小松雄道、芸術家の重鎮だった松原寛、芸術家と工学科の生みの親だった円谷弘などである。他にも五～六名の理事といった幹部も追放され、日本大学の特色を良い意味でも悪い意味でも先導した人々が日本大学を去ることとなり、新しい道を日本大学は歩むことになる。

新生日大の象徴は、一九四六（昭和二一）年の一月に総長となった呉文炳《くれふみあき》である。学者一族に育った人物であり、慶應義塾大学出身の経済学者であった。アメリカのシカゴ大学やコロンビア大学で学んでおり、一時は銀行員を務めてから学界人となった。卒業生を幹部にする日大にしては異例であった。

呉総長の仕事は、後に登場する古田重二良を右腕として、戦後の混乱期をどうにか乗り越えて、日本大学の再建と発展に尽くすことにあった。呉の著作リストを見ると、専門の金融論、信託論の他にも、江戸社会史、江の島錦絵集成といった文化・風流物に関するものもあり、学者というだけでなく典雅の人でもあったことがうかがえる。呉の日本大学での地位は多分に象徴色が強く、実際の運営は呉総長の下で理事長だった古田の辣腕にかなり任せていたのではないだろうか。

大学幹部の公職追放以外にも、大学・学部ごとに教員適格審査がＧＨＱの指令で行われた。軍国主義・国家主義に加担した教員がいれば、資格を剥奪するである。学部ごとに教授会が審査したが、法学部以外は該当者ゼロであった。戦前・戦中の日本大学であれば何名か該当者が出ても不思議はないが、ゼロの理由は内部者が審査を行ったためだ。内部者が審査を行ったのであれば、ゼロという結果は意外なものではない。仲間内で該当者を出すのは『日本大学百年史』も認めるように困難なことであった。公職追放の命を受けた人の多くは外部審査によるものであった。

一九四九（昭和二四）年に日本大学は新制大学としてスタートした。法、文、経済、芸術、工、第二工、農、医、歯という九学部を擁する堂々たる総合大学であり、学生数もおよそ二万名という数であった。戦争中と比較すると学生数は約一万名減少しているが、これは戦争中の混乱後のことなので仕方はなかった。

さて、すでにたびたび登場しているが、古田重二良（一九〇一（明治三四）年〜一九七〇（昭和四五）年）の出自を簡単に記しておこう。秋田県の出身で日本大学の専門部の法律科を卒業し、大学の事務員となる。高等工学校（理工学部の前身）内で出世して事務長となる。その後も順調に出世して理事長、会頭にまで昇任する。ここで注目したいのは、古田は学者ではないところで大学の幹部になった点である。

三島予科と郡山工科の創設

すこし時間をさかのぼって、新制大学誕生前の話をしたい。今日の日本大学の特色の一つ（すなわち東京だけではなく地方にもキャンパスを持つという特色）の起源になる話題を記しておこう。三島予科と郡山工科、そして藤沢農場についてである。

予科とは旧制大学に進学する前に学ぶ課程で、旧制高校に相当する学校であった。日大はすでに東京の世田谷（今の文理学部）に予科があったが、学生で混雑した木造の校舎だったので、新しい校地を探していた。一九四六（昭和二一）年に静岡県三島市にある旧日本軍の跡地を連合軍が日本に返還することとなり、日本大学はこの土地の払下げを求めてこれに成功した。

こうして一九四七（昭和二二）年に三島予科はスタートしたが、創立当初は校舎、実験設備、教授陣などすべてにおいて劣悪であり、学生は同盟休校などの抵抗を行うほどであった。この苦難を日本大学はなんとか乗り越え、新制大学における三島教養部としての基礎をここに築くことになる。

日本大学の専門部工科は土木、建築、機械、電気、工業化学の五学科であった。専門部が新制大学で昇格するためには、神田駿河台の工学部と同じ校舎にある限りは無理であった。そのため日本大学は新しく工学部の敷地を探すこととなった。その候補が福島県の郡山市だったのである。日本海軍が郡山に航空基地を持っていたが、戦後は連合軍が接収していた三島市と同じように連合軍からの払下げに期待し、結局は日本大学は払下げを受けた福島県から無償で土地を得ることに成功したのである。その時の交渉で活躍したのが当時、専門部工科の事務長だった古田重二良である。実は当初は無償という話であったが、地元では以前に土地を提供した農民が有償を要求したりして交渉は難航した。そこを古田は、福島県、郡山市、地元有力者や農民と何度も交渉を行い、ついに無償の土地供与を得たのであり、古田の辣腕振りがいかんなく発揮されたエピソードである。

ここで強調しておきたいことは、郡山市の勧誘への熱意である。地元福島県の高等教育機関としては旧・福島高商（現・福島大学経済学部）しかなく、郡山市は多少無理をしてでも日本大学専門部工科を誘致して、地元の活性化を図りたかったと思われる点だ。

ついでながら古田重二良の活躍を、もう一つの土地の獲得例から示しておこう。吉田（1981）

にあるエピソードである。それは神奈川県藤沢市の郊外で農獣医学部用の土地買収の際に、地元の地主とねばり強く交渉にあたった。現地に一か月余りも泊り込んで、うんざりするほどの交渉を行い、ついに二七万坪の土地を購入したのである。ここでも古田の実力がいかんなく発揮された。

この郡山市と藤沢市の話でわかるように、古田重二良は目標を定めたら大変な努力を重ねて、それを成就させるという経営上の手腕を大いに発揮する人物であった。こうした事例を積み重ねることで、まわりも古田の実力を知るようになったのである。後に会頭になって日本大学をますます拡張させる仕事に従事することになる。

異端の芸術学科の輝き

学問の府に「芸術科」が誕生するに際して、日本大学の内外に種々の波紋を投げ掛けたことは、その設立のところで述べた。その後、戦争へと突き進む日本において軍国主義・国粋主義の勢いを増すとともに、芸術科はますます批判を受けることとなった。国民が戦争に向けて進んでおり、国の経済の増強を目指して皆が頑張っているときに「非生産的な演劇、映画、美術、音楽、文学などにうつつを抜かすとは非国民だ」ということである。ここまで辛辣な批判はなかったようだが、それに類した感情は芸術科に向けられたと想像できる。

身内の学内からも冷たい眼で見られ、芸術科の校舎はあちこちに移動を強いられた。最初の校舎は今の法学部のある神田三崎町にあったが、神田鈴木町に移転、そしてまた本郷金助町に移転という、学内では流浪の旅を強いられたのである。この間、駿河台の文化学院の間借りなどもしている。ところが一九三八（昭和一三）年に練馬区江古田に新しい校舎を建て、ようやく落ち着いたのである。人間にとって芸術はとても重要な文化活動と思っている筆者は、日大当局が芸術科を守り通した勇気を評価したい。それが今や日本大学を代表する学部になっているのである。

小林桂樹と三木のり平

日本大学の歴史からすこし脇道にそれるが、ここで芸術科の意義を存分に体現していると思われる、二人の人物を紹介しておこう。戦争前後に芸術科で学んだ小林桂樹と三木のり平である。

まずは映画俳優の小林桂樹（一九二三（大正一二）年～二〇一〇（平成二二）年）である。小林は群馬県の育ちで、旧制前橋中学という名門校で学んだので秀才であった。群馬県では旧制高崎中学と旧制前橋中学が双璧であり、中曽根康弘と福田赳夫の元首相が学んだ有名なライバル校でもある。

中学校四年生のときに父親を亡くし、経済に困って伯父を頼り、下宿をしながら日本大学専門部芸術科で学ぶ。俳優になる気はなく、演劇評論をやりたいと思っていたが、新聞社でアルバイトをやっているときに日活映画の募集を知り、受けたら合格したというのが俳優になった契機である。

決して水もしたたるような二枚目ではないが、真面目そうに見える風貌と、とことん三枚目ではない独自の演技と仕草が人気を呼び、スターとなった。筆者の記憶にある映画は、サラリーマン物の『社長シリーズ』に森繁久彌や加藤大介等と共に出演したものである。代表作は天才画家・山下清を演じた『裸の大将』で、むずかしい役を見事にこなした。次に『名もなく貧しく美しく』という戦後の困難な庶民を描いた高峰秀子との共演作であり、ろう者という役を、これまた見事にこなした。

私的な話題で恐縮であるが、筆者の中学生の頃のあだ名は「小林桂樹」だった。美男ではないが、どことなく顔と雰囲気が似ているとされて本人もまんざらでもなく、こちらも映画スターのファンになって小林の映画やテレビは進んで見た記憶がある。

次は喜劇俳優の三木のり平（一九二四（大正一三）年〜一九九九（平成一一）年）である。旧制日本大学第一中学校から日本大芸術学科というから、生粋の日大マンである。当初は新劇を目指したが芽が出ず、喜劇役者に転向する。彼を有名にしたのは「鼻メガネ」を掛けての独特な風貌と、ぼくとつとしていた語り口であった。

三木は森繁久彌、伴淳三郎、フランキー堺などと共演した『駅前シリーズ』が有名であり、一一年間に二四作品が製作されたという喜劇映画シリーズであった。このシリーズで喜劇役者の地位を固めたのである。

さすが芸術科で演劇を学問として学んだことの成果もあったのか、三木は人生の後半期には演出家の仕事をもこなした。野球の選手が現役を終えると、一度は野球の監督をしてみたいと思う気持ちと同じなのであろう。もっとも有名な作品は林真理子作、森光子主演の『放浪記』であった。

小林桂樹、三木のり平という俳優を語ると、今の若手でイケメンでありかつアイドルっぽい俳優と異なり、どことなく重みがあって味わい深い俳優に郷愁を覚えるのは、多分筆者の年齢のせいであろう。人気俳優というのは時代とともに変化するのである。

この二人は俳優として成功したことに限らず、二人が高等教育機関で学んだという事実が大切である。すなわち、俳優や喜劇俳優は低学歴者で占められていたのであるが、芸術科で学んだ二人の役者が先駆者となって、高学歴者でも就くことのできるという風習を根付かせるのに貢献した意義がある。

フジヤマのトビウオ

一九四九（昭和二四）年の八月一六日の午後二時半（日本時間は午前八時半）アメリカのロサンゼルスで全米水上選手権大会の一五〇〇メートル予選において、日本の古橋広之進、橋爪四郎などが出場していた。そのとき、橋爪は一八分三五秒七、古橋は一八分一九秒の驚異的世界記録を出した。翌日の決勝戦、当然のごとく古橋の優勝であった。この時のラジオ放送を筆者は雑音の入る中で聞いていた記憶がある。なんとこの古橋と橋爪の二人は、日本大学の学生だったのである。この二人の名前、特に古橋広之進は、日本大学の全卒業生の中で、恐らくもっとも有名な人物の一人であろう。

戦争に敗れた日本人は国力を失い、かつ精神的に大きく打ちのめされていた時代に、古橋が国際舞台で「フジヤマのトビウオ」と称されるほど絶賛されている姿に、すべての国民が興奮・感動したのである。同じ頃に京大教授の湯川秀樹が日本人最初のノーベル物理学賞を受賞しており、古橋、湯川の二人は敗戦で自信を失っていた日本人に、希望と勇気を与えた輝く星だったのである。

実は古橋や橋爪は、ロサンゼルスの全米水上選手権より前に、何度も世界新記録を日本で出していたが、敗戦国の日本は国際水連に加盟できていなかったので、世界記録として公認されていなかった。むしろ、日本の水泳場は距離が短いのではないか、時計が狂っているのではないか、など国際上での敗戦国の負い目を感じるほどの中傷すらあった。

ここで古橋の人生を吉田（1981）に即して簡単に振り返っておこう。静岡県の浜名湖近辺で育った。小学校のときから水泳は得意であった。戦争末期の一九四五（昭和二〇）年に日本大学の農学部予科に進学した。本人の言によると、南方の島で熱帯農業をやりたいとの希望であったが、戦争中で大学は授業などほとんどなく、勤労動員に従事するだけだった。復学してからは水泳部に入り、水泳に明け暮れる学生生活であった。

水泳部ではメキメキ頭角を現し、泳ぐごとに世界記録を出す人となった。四〇〇メートル、八〇〇メートル、一五〇〇メートルという中・長距離での記録であった。一〇〇メートル、二〇〇メートルという短距離でないのは、学徒動員の工場で事故に遭い、左手の中指の第一関節から先を切除したので、筆者のような素人ながら勢いのある水掻きで不利だったからであろうと推察している。

敗戦国日本は一九四八（昭和二三）年のロンドンオリンピックは参加できず、一九五二（昭和二七）年のヘルシンキ大会ではピークを過ぎていたので、好成績を残せなかった。恐らく古橋のピークは既に述べたロサンゼルスの全米選手権の頃であり、ここで「フジヤマのトビウオ」の名を世界にとどろかせたのである。

日本大学入学は農学部予科であったが、途中で法学部に転部している。これは水泳の練習で時間を確保するには実習のある農科よりも、文科系の方が楽という配慮であろう。卒業後は一時期民間会社に勤めたが、大学に呼び戻されて教授にまで昇進した。法学関係の教授職ではなく、水泳部の監督を兼ねた体育教授であった。

これだけのスポーツ関係の重鎮なので、日本水泳連盟の会長、日本オリンピック委員会（JOC）会長、国際水泳連盟の副会長の要職に就いたし、スポーツ関係では二人目の文化勲章を二〇〇八（平成二〇）年度に受けた。ちなみに一人目は、市民スポーツ振興に尽くした平沼亮三が一九五五（昭和三〇）年に受章している。

戦後の興隆期（1）

一九四九（昭和二四）年に九学部で新制大学としてスタートした日本大学であったが、新制度への移行はさまざまな変化を伴ったので、それをいくつかまとめておこう。

新制大学は学部四年間のうち、前半の教養課程と後半の専門課程に区別するようになった。既に述べた世田谷予科と三島予科は、世田谷教養部へ、三島教養部へとなった。当時の静岡県三島市はまだ新幹線はなく、当時の東海道線であれば片道で二時間以上かかったであろうから、東京からの通学は無理なので三島あたりに学生は住む必要があったと想像できる。

なお、郡山工科は第二工学部として昇格した。郡山市は東京都からの通学は困難なので、地元の学生を多く集めた。もう一つの変化は東京獣医畜産大学を吸収合併して、農学部を発展させて農獣医学部を発足させたことである。さらに日本大学は創立以来の伝統を復活させ、いくつかの学部で夜間部を設置し、また短期大学部をいくつかの学部に設けた。通信教育部も新しく設け、新しい姿での多角経営を目指す姿がうかがえる。

新制大学発足当初の入学試験の実態や学費が『日本大学百年史』に示されている。昼間部の入学志願者が六一八七名、そのうち三三三九名が入学しているので、五四％の入学率であった。それほどの数の受験者の殺到ではなく、入学はそう困難ではなかった。戦後の混乱期だったので大学入学志望者がそう多くなく、まだ入試地獄は発生していなかった。

学費については、授業料が文系で八五〇〇円、理系で一万円であった。これが割安であるか割高であるかを調べるために、当時の国立大学の授業料を調べてみた。すると授業料は三六〇〇円だったので、私立大学の文系で二・四倍、理系で二・八倍である。国立大と私立大の学費差は後の時代とくらべるとまだそこまで大きくはなかった。しかし当時の家計所得の低さを考えると、一般的な家庭で子弟を大学に送るのは経済的には決して楽なことではなかったことは想像にかたくない。

高度成長期頃には私立大と国立大の学費差が六〜七倍と跳ね上がったため、私立大学より国立大学への志望が増加した。しかしその後国立大学の授業料は値上げが続き、今や国立大学五三万円前後、私立大（文系）で九〇〜一〇〇万円前後なので、倍率から評価すると終戦直後の国立・私立の学費差に戻っている。

新制大学発足当時の日本大学をはじめ、国立・私立を問わず大学生の生活は、当時の貧困日本の影響を直接に受けて、苦しいものであった。大学における環境も恵まれた校舎や教室・設備は準備されておらず、研究・教育の実態もとてもみすぼらしいものがあり、大学が苦難の時代にあったことは事実であった。しかしこれは日本社会の全体について言えることだったので、貧しい中でも大学で学べた学生はまだ恵まれた方だったのである。

戦後の興隆期（2）

一九五五（昭和三〇）年あたりから日本は高度成長期に入り、経済が強くなった。この間の日本経済の生産技術は外国の技術を借りるという中にいたが、これからは日本独自の技術開発に期待する必要があると主張されるようになった。政府は科学技術の振興と教育を発展させるため、大学における理工系教育を充実させる策を打ち出したのである。

文部省の当初の計画は国立大学の理工系学部の充実を中心に考えていたが、私立大学側から批判の声が上がった。私立大学も理工系の充実に向かう必要があるし、自分たちもそうする意志あり、と要求したのであった。これに政府も呼応して、私立大学も理工系学部の充実に乗り出したのである。

日本大学もこの流れの中で、理事長になっていた古田重二良を中心に、学部の再編成や新学部の創設に取り組んだ。古田の持論として大学はもっと理系のウエイトを高めるべきという主張を展開していたので、政府の理工系充実策は古田の主義を実行に移すのに好都合だったのである。日本大学でどのような策が採用されたか、簡単に述べておこう。

第一に、工学部に物理学科を新設して、理工学部と改称した。原子力工学の発展が予想される中で、ノーベル物理学賞を受領した京大の湯川秀樹教授を顧問にするほどの熱の入れようであった。数学科や交通工学科、精密工学科なども増設した。

第二に、理工学部経営工学科を発展的解消して、新しく生産工学部を設置した。機械、電気、土木、建設などの伝統学科に加えて、管理、統計などの学科が加わった。この学部は千葉県習志野市に学舎を持ったので、日本大学の地方分散計画の一環と理解できる。

こうして日本大学は、神田駿河台の理工学部（現在は千葉県船橋にもキャンパスを持つ）、習志野市の生産工学部（現在は津田沼キャンパスと称されている）、郡山市の工学部と、三つの理工系を持つ大学となり、日本の技術教育促進政策の一翼を担う大学となった。

第三に、世田谷と三島の教養部を文理学部として昇格させた。旧来の文学、理学などの諸学問を教えて、中学・高校の教員を養成する目的を持たせた。

第四に、経済学部から商学部を独立させた。商学部の新校舎は世田谷区の砧に設置した。商学部は、商業、経営、会計、販売、金融、貿易などのビジネス関連を研究・教育する分野である。

こうして日本の経済拡大期と時を同一にする大学拡大期において、日本大学はマンモス大学に向かった。一九六五（昭和四五）年には学生数が八万人を超えるようになった。これで日本一のマンモス大学という不動の地位が確定した。

永田総長の就任と古田会頭の就任

一九五八（昭和三三）年に呉文炳総長が古田理事長宛に辞表を提出し、理事会はそれを承認した。新総長の選任は理事会の権限であり、新任に永田菊四郎（前学長）を決定した。同時に理事会には古田重二良を会頭として選任した。

従来は総長と会頭は、山田萬之助総長以来兼職であった。そのため呉総長・会頭だったところを、永田総長と古田会頭の二頭立て体制となったのである。総長の職務は研究・教育の管掌であり、会頭の職務は経営の管掌にある。ここで古田が日本大学経営のトップに就任して、実権を握ったとみなせるのである。

古田経営を論じる前に、永田総長のキャリアを簡単に振り返っておこう。永田は一八九五（明治二八）年生まれで、日本大学専門部法科を卒業し、弁護士試験に合格した。一九二三（大正一二）年にドイツへ法学研究に向かう。第1章で説明したように、日本大学は優秀な学生を外国留学させており、永田は戦前の総長であった山岡萬之助と同じ道を歩んだ。永田は日本大学の期待の星だったのであり、ドイツで学位を取得している。

日本に帰国後は母校の法文学部講師、教授となった。専門は民法、特に工業所有権法である。いくつかの著作も著している。日本大学内で法文学部長、理事、学長などの要職を経験している。日本大学出身の生え抜きであるし、学者としても研究業績があるので、総長として適任の人物であった。本人は学者志向があるので、大学管理への野心や実行能力を持とうと思わなかったと予想できるので、会頭の古田が実行する種々の日大の経営・管理政策に任せる方針にいたのではないだろうか。

学者ではなく、事務と経営のトップに立った会頭・古田重二良の大学経営の進め方を簡単に概観しておこう。事務員、事務長、理事、理事長と管理業務において順調なキャリアを積んだ古田の仕事振りは、既に紹介したように目立つ業績の連続であった。新キャンパスの創設に際しての土地の買収作業は、政治家までも動かすほどの巧妙な手段を用いて、成功を重ねた。まわりからも「古田はすごい」という一致した見方が定着したし、古田もそれに応えるべく大学の経営トップらしく指導力を発揮するようになった。

「おれは日本大学を、日本一の大学にして見せる」が口癖であった古田は、大学の規模を大きくして発展させることに全精力を注いだ。特に私立大学であることに誇りを感じていたし、日本大学の「日本精神」に依拠した政策を取り入れようとしていた。その本心は次の弁でよくわかる。

そもそも私学の創設は、本学の山田伯にしても、また早稲田の大隈侯、慶應の福沢翁にしても、官の糟粕をなめることをいさぎよしとしなかった独自自主の精神にもとづいております。運営においても、教育においてもこの自主独立の精神をなくしたならば、それは私学がその存在の意義の大半をうしなうことになるのであります。ただいたずらに国家の援助をたのしみ、拱手して学外より資力を恃んで自主独立不羈の精神をうしなってはならない。
（昭和三十年六月古田重二良述『日本大学企画委員会の構想及び実施方策に就て』）

古田は国立大学が国から大量の資金を受領して、ぬくぬくと研究・教育に力を発揮している姿を批判するし、私立大学が国から資金助成を受けることを良しとしなかった。現に私立大学は昭和三〇年代末期から私学助成金の導入を国に願い出るようになっていたのであるが、古田はその運動に冷淡であった。文部省からの過剰な干渉を受けることを嫌ったのである。

では長年続く財政資金不足を日本大学が解決する案として古田が採用した策は何だったのか。それは大学の規模のさらなる拡大であった。質を問わず規模を大きくすれば収入の増加に期待できる。新学部の創設のみならず、既存学部においても学生数の増加策を積極的に導入した。当時の私立大学では学生定員を上まわる入学生を受け入れる策は別に珍しくもなかったが、日本大学はその水増し入学者数が際立つようになっていた。一九五五（昭和三〇）年には学生数三万三〇〇〇人だったところ一九六五（昭和四〇）年には八万人を超える数になり、日本一のマンモス大学の地位をゆるぎないものにしていた。

入学定員数よりもはるかに多い学生を入学させていた事実は表3―1でわかる。例えば文科系であれば大教室で授業ができるので、二倍から三倍の学生を入学させていたのである。さすがに理工系ではそうもいかないであろうと予想できるが、工学部で一・五倍から二倍、医歯学部でも二倍以上であるから驚きである。実験・実習に手抜きがあったと思われても仕方のない過剰学生であった。

表 3-1　昭和 47 年度の募集定員と入学者

学部	募集定員	入学者	倍率
法	1,400	2,912	2.08 倍
文理	1,200	2,930	2.44
経済	900	2,424	2.70
商	900	1,792	1.99
芸術	450	1,259	2.80
理工	1,660	2,350	1.42
生産	1,040	2,204	2.12
工	750	1,297	1.73
医	120	284	2.37
歯	120	494	4.12
松戸歯	120	207	1.73
農獣医	1,120	2,404	2.15
計	9,780	20,561	2.1

注：医学部と歯学部の学生数は進学コースと専門コースの合計数。
　　進学コースのみで計算すると医学部 1.28 倍、歯学部 1.89 倍
出所：『日本大学百年史　第三巻』

こうした量的拡大の影で、さすがに古田案は質的拡大の重要性にも言及していて、「三カ年計画」や「五カ年計画」を読むと、教授陣の充実や教職員の待遇改善、研究所の増設などが記されている。一定の研究・教育体制の質的改善の必要性を主張しているのだ。しかし、実態はどうかといえば、彼の目標が「最少の費用負担で最大の利益を」というスローガンだったため、例えば一教室における学生数は数百人（時には一〇〇〇人近くに達することもあった）のところに、教師一人で大型マイクを使いながら教えるという大教室授業が幅を利かせたのである。

経営努力としては評価できるが、学生の教育の質としてはマンモス教育の弊害が目立ったのである。残念ながら当時の日本の大学教育は、国立大の少人数教育、私立大の大人数教育、一方で国立大の授業料安に対して私立大の授業料高という対比があったので、大なり小なり私立大学は大教室授業であり、一概に日本大学だけを批判できないが、日本大学が実態としてもマンモス授業の象徴であったことは数字的にも否定できないだろう。

もう一つ古田の導入した管理方法に、学部ごとの「独立採算性」があった。既に戦前から「独立計算性」のあったことは記述したが、その方式を徹底させるために「独立採算性」に踏み切ったのだ。この古田の勇気ある決断には当時は反対もあったが、基本的には評価された。

むしろ筆者が気になるのは、一九六九（昭和三四）年に交付された「日本大学の目的及び使命」という文章である。以下引用しておく。

日本大学は、日本精神にもとづき、道統をたっとび、憲章にしたがい、自主創造の気風をやしない、文化の進展をはかり、世界平和と人類の福祉とに寄与することを目的とする

この文面は内部でも議論になったことが『日本大学百年史』に書かれている。特に「道統」という言葉に疑念が呈されたが、結局最終文言は総長と会頭に一任されて、これが正式文書となった。「道統」を広辞苑で調べると、①道をつたえる系統、②儒学伝道の系統、とあり、「日本精

神」とともに保守思想を思わせる語感がある。

この文章が忠実に生かされた方針が日本大学には二つある。これは何も古田自身だけの主張ではなく、日本大学全体の方針とみなしてもよいだろう。具体的には何であろうか。

それは第一に、教職員の労働組合の結成を認めないこと、第二に、学生組織（学生自治会）は「全学連」には加入しない、である。GHQは日本の民主化のために労働組合の結成を容認したし、教育界においても多くの学校が組合を結成した。日教組（日本教職員組合）は左翼運動の一つの象徴であったが、日本大学はその設立を認めなかった。教職員側も「日本大学の目的及び使命」に忠実だったのか、強い設立希望を持っていなかったようだ。

学生側でも、当時は「六〇年安保」や「砂川基地闘争」、あるいは学費値上げ反対闘争などで、国立・私立の大学問わず全学連を中心にした学生運動は盛んであったが、日本大学の学生はなぜか穏健であった。一部に過激派学生もいたが、大半の学生は学生運動に関心がなかったように見える。もう一つ有力な理由は、日本大学では体育会が強いという事実がある。大学の方針に忠実に動く体育会は、左翼の学生と対立するときは体育系がそれを抑えるという行動に出る雰囲気があった。体育会と同じ系列にある応援団も、学生運動に抵抗する組織として体育会に準ずる行動をしたことも記しておく必要がある。

ここで日本大学の学生運動を『日本大学のあゆみII』から概観しておこう。戦後の昭和二〇年代では、医学部予科生が学校の民主化、集会・掲示の自由、無能な大学教授と幹部の追放、などを要求したが、大学は一時休暇の方針をとった。学生はそれに反発して同盟休校で対抗したが、その学生の首謀者が共産党系だったので、大学はその組織の解散命令を出した。これに従わない学生を退学、無期停学という厳しい処分を大学当局は行ったのである。

一九四八（昭和二三）年に各大学自治会が全学連（全日本学生自治会総連合）を結成して、それがその後の学生運動の主体となって激しい闘争を展開することになるが、日本大学を含めて私学の三十数校は私学連（全国私学学生自治会連盟）をつくり、全学連のような政治色の強い団体とは異なる穏健な連盟として活動した。全学連への加入を日本大学が認めなかったこともあるが、一部を除いて政治的に強硬な運動にコミットしない策を日本大学の学生が好んだのである。

昭和三〇年代に入ると、砂川基地拡張への反対運動が一九五六（昭和三一）年に起きたが、全学連に加盟していない私学連加盟の日大生は、静観の態度であった。一九六〇（昭和三五）年には日米安保条約の改定をめぐって、大規模な反対運動が起きたが、このときでも日大の学生は個人の資格で八〇〇名ほどが国会へのデモ活動に参じたが、大学自治会組織としてはこの抗議行動に参加しなかった。しかし個人の資格とはいえ、多くの日大生がデモに参加したことに日本大学当局は驚き、総長の永田菊四郎と会頭の古田重二良によって日大生は安保闘争に参加しないように、という自重を求める宣言を『日本大学新聞』紙上で出したほどである。

当時の安保闘争において、多くの反対運動者を出していた東大の総長が、「安保闘争には参加するな」との声明を出したという話は聞いたことがないことを思えば、こうした事例からも日大当局の路線が学生運動を否定する姿勢にあったと理解できる。安保闘争後の各大学の学生運動は、学費値上げ反対や自治権の獲得など、日頃の学生生活に関する要求に運動のシフトを見せた。例えば、日本大学でも集会の開催の自由を求めたりしていたが、学生自治会の主催する講演会への演者の登場を大学当局が認めない、といったことなども発生して学生の反感を発生させていた。さらにマンモス教育、食堂が足りない、休み時間の居場所がない、などの不満なども学生の間でくすぶっていた。

砂川闘争や安保闘争では目立った運動に参加しない日大生であったが、その後は日頃の大学での生活に不満が高まっていたことも事実であった。それが後の「日大闘争」の前兆になっていたのである。

第4章　日大闘争

闘争の前兆

一九六八（昭和四三）年の四月頃から一九六九（昭和四四）年の初頭までのおよそ一〇ヶ月間、日本大学は大きな闘争を経験した。学生側と大学側、それに警察、マスコミ、税務当局をも巻き込み、暴力活動をも発生させた一大闘争であった。日本大学闘争と記してもよいが、「日大闘争」（大学側は日大紛争という言葉を用いている）が定番となっているので、ここではこの言葉を用いる。

なお同じ頃の一九六八（昭和四三）年の一月頃から一九六九（昭和四四）年の初頭までに東大闘争があり、この二つの大学闘争は「二大大学闘争」と理解されている。日大闘争が本章での主眼であるが、後に東大闘争との比較も行う。

前章で日本大学の学生運動はおとなしいもので、全学連にも加盟せずに、強硬な抵抗運動やバリケードづくりといった激しい運動の姿はなかったと記した。しかしながらマスプロ教育（大教室に数百人の学生を入れて、一人の教師によるマイク講義が象徴）への不満や、時折表沙汰になる大学当局による不正経営、そして他大学における学費値上げ反対闘争などに接しながら、日大の学生にも不平不満がたまりつつあったことも事実であった。

ここでは大学当局が闘争前に実行した種々の政策を確認し、学生と対立に向かわざるをえない前触れをいくつか記しておきたい。

学生の数を増やしながら大学内の設備や教職員への支出を抑制する日本大学型経営は、古田重二良会頭の主導の下で実行された。そして、こうした古田思想と政策を大学内で定着させる方策を着々と実行していた。それは古田ワンマン体制（吉田（1981）一二八頁参照）と称しても決して誇張ではなかった。

日本大学を学生数の上では日本一にした功績によって大きな存在になりすぎた古田に対して、まわりが異を唱える雰囲気はなくなっていたのである。きっと古田の超拡大路線、あるいは強引な組織運営の政策に対して反対意見を持つ人はいただろうが、ほとんどが口をつぐんでしまった。

大トップになっていた会頭は、有名人となっており、時の権力者と親交を温めるようになった。政治家との付き合いは、藤沢や郡山の土地買収のときに役立ったこともあり特に腐心したようである。自民党の大物政治家である佐藤栄作を筆頭に多くの政治家と交流したが、共産党以外の社会党や民主社会党の政治家とも人脈があった。特に佐藤栄作は、日大闘争のときに首相の職にあり、古田の対学生への対処策を彼は支持したのである。

学生が自治会全学連に加盟せず、少なくとも一九六六（昭和四一）年までは教職員組合がなかったことも、この日本大学内の学生運動や反対運動のない雰囲気を助長したのである。

一つの象徴的な事件が日本大学新聞研究会（1969）に記述されている。一九六二（昭和三七）年の一一月に、いわゆる「日大数学科事件」と呼ばれる出来事が起こった。文理学部数学科の教員四名が日大当局から辞職勧告を受けたのである。文理学部で新しく学科をつくるに際して、学生募集を七月一日、入学試験を一〇日に実施し、一五日からの夏季休暇を利用して授業を行うという早急な計画を大学当局は示した。数学科内ではそれに対して反対の意見があった。大学当局が示した計画は数学科として受け入れられない、と回答したのであった。

ところが大学はその反対の首謀者四人に対して、「君たちはこの大学の思想とは合わない」として辞職を迫ったのである。その背後には、そのうちの一人が学生時代に学生運動をしていたとか、安保反対運動に参加していた、ということも理由の一つとしてあったようである。要するに、大学の方針に従わない教員の排除を「思想に合わない」という理由によって、処分を行おうとしたのである。

日本の数学界はこの辞職に対して、日本学術会議をも動かして一〇〇〇人の署名を集めて、処分の撤回を求めたが、結局は四名は他の大学に移るということで決着した。つまり解雇の方針は暗に承認という形で終了したのである。

もう一つの別の例を挙げよう。一九六六（昭和四一）年一〇月の経済学部の学生祭において、学生側の希望する講演者の一人（法政大学の芝田進午助教授）の講演を許可しなかったという出来事があった。日本大学では集会、掲示、出版物などは事前に当局の許可が必要としていた。これは大学当局からの学生への管理強化の例とみなせるだろう。ちなみに芝田はマルクス主義者だったので、日本大学の思想には合わないと当局は批判したのである。

このようないくつかの出来事を経て、決定的な争いが一九六七（昭和四二）年四月二〇日の経済学部・新入生歓迎会で起こる。講演者・羽仁五郎（マルクス主義者）が壇上に立つと、会場の前に陣取っていた体育会系と応援団と思われる学生がヤジと怒号を発し、会場は騒然となって講演にならなかった。前年の経済学部の講演会では芝田進午の登壇を許可しなかったのに、羽仁五郎をなぜ大学当局が認めたのかは不明である。主催者側の左翼学生はヤジを飛ばした学生たちとつかみあいとなり、騒然となった。結局歓迎会は中止となったが、この乱闘によって負傷者も出たのである。

秋田（1969）によると、大学当局がお金を支払って黒い学生服を着た体育会・応援団の四〇〇名とされる学生を動員したとあるが、実際に大学当局がお金を支払って反対学生を動員したかどうかは不明である。

この騒ぎで学生自治会と応援団に対して大学当局は解散を命じた。また何名かの学生に停学などの処分を行った。この事件は後の大闘争を予想させる前兆として理解できる。

闘争への前兆としてこれまで述べた事件以外にも、日大当局が日頃から不祥事を起こしていて、社会や学生から冷たい眼で見られていた事実が、日本大学文理学部闘争委員会書記局（1969）に記されているので、それらを引用しておこう。

第一は、理工学部教授であった小野竹之助による脱税事件である。一九六八（昭和四三）年一月二六日号の新聞で「都内某私大の有名教授、裏口入学で三〇〇〇万円をポケットへ」の見出しで、裏口入学の謝礼金五〇〇〇万円を着服した、との報道があった。ここでなぜ三〇〇〇万円と五〇〇〇万円の違いがあるのかについては不明である。かねがね裏口入学のうわさはあったし、複数の教職員が関与していたとのうわさはあったが、大学当局は公にこの事件を認めようとしなかった。

第二は、同年の三月二五日に、経済学部の会計課長、富沢広が失踪事件を起こした。東京国税局が後に述べる日本大学に監査に入ってから三日目の失踪ということもあり、大学本部の指示による隠蔽策と疑われたが、真相は不明であった。

第三は、理工学部の会計課徴収主任の渡辺はる子が同年の三月二八日に自殺した。小野竹之助の事件があったのみならず、理工学部における不正な会計処理に関与していたのではないか、という疑念があったところの自殺である。大学は事故死と発表した。

このようにして、日本大学の経理は疑念を持たれる前兆があった。

闘争の発端と推移

経済学部の会計課長の失踪事件に際して、東京国税局が会計監査に入ったことは既に述べた。

その監査は経済学部だけにとどまらず全学部に及んだ。一九六八（昭和四三）年の四月一四日には、日本大学は二万数千人の学生を迎え入れて入学式を行ったが、翌一五日に各新聞報道で「二〇億円の使途不明金が日本大学で」と大きく報道されてしまう。

この報道が日大関係者に大きなショックを与えたことは当然である。特に学生自治会や一九六六（昭和四一）年に既に結成されていた教職員組合の動きは激しかった。特に教職員組合は五月には古田会頭を含む全理事の退任を勧告する決意までしたのである。

大学当局の動きは冷静で、『日本大学百年史』によると税法上の問題のあるところは認めるが、使途不明金なるものは存在しない、というものだった。新聞報道にあるような教職員へのヤミ給与などは存在しない、として報道は根拠なしと反応したのである。二年に一度の税務署の監査と指導を受けているので、国税当局の監査が終了しない段階で、このような使途不明金を世に明らかにするのは納得できない、と反論を提出したのである。ただし学生、教職員、世論の批判を気にして、理事会、学部長は事態の責任を痛感しているとの声明は出した。

四月に入って新学期が始まると、学生自治会は各学部で「不正糾明」の声明を出したし、日本大学では珍しい学生デモも行われるようになった。大学当局は「大学当局を信頼するように」という声明を出したが、学生は沈静化しなかった。

それよりも学生側は五月に入ると、全学共闘会議（日大全共闘のこと）を結成し、全学連への加盟をも果たした。そこで経済学部四年生の秋田明大が議長に選ばれ、指導者となる。およそ抵抗運動の弱い無風状態に近かった日本大学では、教職員組合の結成と学生の全学連への加盟という出来事は、二つとも画期的な出来事だったのである。

全共闘の要求は次の五つであった。（1）全理事の退陣、（2）経理の全面公開、（3）使途不明金に関しての対話、（4）検閲制度の撤廃、（5）不当処分の撤回。しかし大学当局は全共闘をそもそも認めず、話し合いに応じなかったので、学生は不満をますます高めていく。

五月、六月に入ると、各学部でストライキが発生し、学生は大学校舎の近くでデモを繰り返すようになった。そして大学当局に大衆団交を求めるようになった。大衆団交とは、大きな部屋の中で多くの学生に囲まれながら、大学幹部と全共闘が交渉を行う会議である。大学はこの団体交渉（学生側は大衆団交と呼ぶ）を拒否し続けたので、学生側は抗議行動をエスカレートさせ、大学校舎を占拠する行動に出た。

大学当局は学生の校舎乱入を阻止すべく事務員が出入り口で防御を始めた。同時にここで日大闘争の一つの特色が現れることとなった。それは体育会・応援団の学生が一団となって、校舎を占拠しようとする学生の排除の行動に出たのである。単純に言えば、左翼と右翼の学生の体力的な衝突・激突である。負傷者は出るし、ついには警官隊の導入要請を大学当局は行うという、非常事態になったのである。結局は学生はバリケードをつくって学舎を占拠するのに成功した。

左翼色の薄い日本大学の学生の多い中で、体育会・応援団の学生は大学自身の右翼色のある雰囲気に同調するところがあり、まさに大学当局に抵抗しはじめた日本大学の学生に対して、阻止行動に出たのである。大学当局はこういう学生を煽動したとまでは言わないが、暗黙の支持を与えたことは確実であった。

この学生の激しい行動がなぜ起きたのか。秋田（1969）によると、確かに契機は「二〇億円不当経理」ではあるが、（4）と（5）という学生自体の権利承認と不当処分の撤回という要求のためだとしている。議長・秋田明大はさらに、日本帝国主義の紛粋などを書物の中で語っているが、これらは日大全共闘幹部だけの思いであって、ストを行ったり校舎の占拠を行う一般学生は必ずしもそのような政治的要求を頭に持っていなかった、というのが筆者の判断である。何をやるにも当局の許可を求めねばならない大学の管理方式、大学当局の弾圧的な態度への抵抗であった。その証拠に、バリケードをつくって校舎に立てこもった日本大学の学生が歌ったのは、国際労働運動で歌われる社会主義に象徴的な歌「インターナショナル」ではなく「日大校歌」だったのである。

ここまでは大学当局と全共闘・教職員組合との紛争であったが、教授会もこの争いを無視できず、解決策を主張するようになる。教職員組合に加入していない教授もおり、教授会は中立色を持ちうる組織なので、大学当局も教授会の要求を無視しなかった。

大学当局は、総長の公選制、体育会の改革、経理の公開と公認会計士による監査、適正規模教育（マンモス教育の緩和）、入学選抜方式の改革（裏口入学などの不正入試の廃止）、など種々の改革案を決めて公表するに至った。しかし全共闘側はあくまでも大衆団交を要求し続けたので、夏休みもあって一時期は双方に動きがなかった。

夏休み中とはいえ多くの学生が学舎をバリケードを築いて立てこもった。占拠学生には地方出身の学生が多いとされる。いざというときはヘルメットとゲバ棒で闘うという姿勢にあった。学生は教室内で討論会や集会を行ったり、時折デモ行進をしたりして当局への要求をシュプレヒコールで繰り返したりしていた。日大全共闘の学生が校舎内でどういう生活をしていたのか、詳しい実態報告は参考文献にある学生による書物、日本大学新聞研究会（1969）でわかる。

大学当局は授業再開を目指して、学舎を占拠している学生の排除を図るべく、九月には法的手段に入った。裁判所は仮処分を行なって、学生を実力で排除する強制執行が始まった。機動隊がバリケードや学生の退去策を始めたが、学生も投石などで激しく抵抗し、戦場まがいの闘いになった。この機動隊による排除、学生による占拠という事態は何度も繰り返され、日大闘争は泥沼状態となってしまった。

大学当局の機動隊導入による占拠学生の排除は、学生全体の反発を招き、多くの学部で学生は再びストライキに入った。教授会も学生の要求に迎合する方針を打ち出すようになり、大学当局はついに学生の要求する大衆団交に応じた。ここで記しておきたい事実は、古田会頭と親しい佐藤栄作首相は「日本大学は大衆団交に応じるべきではない」と古田会頭に忠告していたことである。政治・外交の世界では、一九七〇年の日米安全保障条約の改定を控え、それへの反対運動を予期していた左翼の学生や市民への牽制の目的もあって、抵抗勢力の運動に屈するな、という姿勢を佐藤首相は古田会頭に示したのである。

大学は闘争を終了させたいため、ついに九月三〇日の両国・日大講堂における大衆団交に応じることにした。大学側の文書では大衆団交を全学集会と記しており、表面上は大衆団交を認めたというスタンスではなかった。大学幹部が古田会頭以下の十数名、学生は約二万人の参加であった。興味深い事実として、体育会・応援団の学生がかなりの数で警護の目的で壇上で待機していたが、日本大学新聞研究会(1969)には学生によって排除されていたとの記述がある。

延々と一二時間も続いた大衆団交で、大学当局は学生側の要求をほぼ認めたのであった。妥結の内容は、既に述べた学生のほとんどの要求(すなわち、二〇億円不正費の真実解明、経理の公開、理事の総退陣、学生の自主性尊重、本部体育会の解散など)を認めた。

全共闘学生側の好む言葉である「自己批判」を幹部は行なって、学生側の全面勝利に見えた。しかし政府がすぐに動いた。佐藤内閣は圧力的なかたちで行われた日本大学での大衆団交を認めない、との批判の判断をしていた。政府に一九七〇年安保の反対運動の恐れのあったことは既に述べたが、あちこちに発生しつつあった多くの大学での闘争において、大学が弱気になってはいけないとの警戒心をも含んでいた。

具体的には翌日の一〇月一日に佐藤首相は閣議で「日大の大衆団交は人民裁判なので認められない」と発言し、その夜に佐藤首相と古田会頭は赤坂の料亭で会合を持ち、古田に撤回を求めた、と初川(1974)に記されている。翌日の一〇月二日に古田は新東京ホテルに全理事と全学部長を集めて、撤回を決めた。そして翌日の一〇月三日には九月三〇日の全共闘との合意を破棄する行動に出たのである。古田がこの決断をしたことの背景には、親しい佐藤首相の進言と後押しがあったことは言うまでもない。

日大全共闘はこの破棄に怒って、当然のことながら再び校舎の占拠を行う行動に出たかった。しかし新しい気運が学生側に起きつつあったことが『日本大学百年史』に詳しい。それは多くの学生が全共闘幹部の過激な方針に徐々に賛同しなくなりつつあったのである。

具体的にどういうことかというと、長い間のストライキで授業が開かれていないことで、学生は単位不足のため卒業ができなくなりそうな状況にあった。特に四年生は卒業を延期せねばならないし、企業によっては日大卒業生を採用しない、と言い出すところがでてきた。さらに新人学生を選抜する入学試験を実行できない可能性がささやかれた。在校生のかなりの割合で、授業を再開してほしいとの希望が強くなったのである。

もっとも重要な動機は、次のようなものではないかと推測することができる。もともと過激な政治思想を持ってない人の多い日本大学の学生にとって、バリケードによる大学占拠という策によって、大学からかなりの譲歩を既に勝ち取った事実に多くの学生が満足を感じたため、再び大学占拠を行おうという気持ちがなくなったのではないか。

もう一つの理由は、闘争の後半期に入ると、日大全共闘のスローガンが大学の制度改革よりも、帝国主義の打破とか日米安保条約の破棄といった政治的な問題にシフトしたことがあげられる。

一般の学生はこういう急進的な政治主張にさほど関心を示さなくなっていた。これは秋田明大（1969）による回顧においても、普通の学生と日大全共闘幹部の間で闘争方針を巡って意見の離反が深刻となったという記述があることからも読み取れる。秋田がマルクス主義に立脚した革命、あるいは帝国主義の破壊を声高に叫べば、一般学生が徐々に運動から離れていくのは、当然の流れであったと思われる。

こうして日大の学生は抵抗運動を弱めることとなり、学部によっては機動隊の導入によって、あるいは導入に頼らずにバリケードは撤去されることとなった。最後は一九六九（昭和四四）年の二月に文理学部のバリケードが撤去され、大学はまがりなりにも正常な姿に戻ることとなった。五カ月間という闘争を通じておよそ一六〇〇人の学生が逮捕され、大学側の被害額も数十億円に達した。

鈴木勝新総長の誕生

日大全共闘の最大の要求は古田会頭の辞任であった。それに伴って総長公選もあった。四月に新学期が始まったが、日大当局の動きは遅く、ようやく九月に新総長の選挙が実施された。『日本大学百年史』と初川（1974）に総長選挙の投票結果が記されている。

鈴木勝：七一九票
染野義信：二七八票

意外なことに、初川（1974）によると鈴木は古田派であり、対抗馬の染野は反古田派とされている。あれだけ批判の的となった古田重二良の流れをくむ鈴木が支持されたとは、日本大学に脈々と流れる経営優先あるいは経営第一主義が、教授側からもそう嫌悪感がなかったということになろうか。大学内の人脈の関係で鈴木は古田派だった可能性が高い。初川（1974）によるとお金という「実弾」と怪文書の飛び交った選挙であったとされる。当時の日本では国会議員選挙や自民党総裁選挙も「実弾」が飛び交ったので、大学の総長選挙だけに清廉さを期待するのは無理かもしれない。

この二人の候補者の略歴を見ておきたい。まず鈴木勝。鈴木は日本大学専門部の歯学科を卒業後に母校の助教授、教授、学部長を経た人物で、学者としても日本歯科医学会会長を歴任している。まさに生え抜きの重鎮である。経歴を見れば総長になるべくしてなった人物と言えるだろう。一方の染野義信は民事訴訟法の専門家で、日本大学法文学部の出身である。この二人の経歴をみて言えることは、この時期に日本大学のトップになるためには日本大学出身でないとダメということである。

新総長になった鈴木は、就任早々に記者会見を開いて、次のような声明を発した。あれだけ激しかった日大闘争だけに世間の関心は高く、会見会場は記者であふれんばかりであった。鈴木総長は「教学優先」を前面に打ち出し、これまでの日本大学が経営優先であったことの反省と、大学本来の目的である教育を優先させることを発表した。大学の使命は研究と教育にあると思うが、研究のことを前面に出さなかったのは、とにかく大学が長い間のストライキ、バリケードで教育をほとんど行っていなかったので、まずは教育の復権が第一と考えたからであろう。

古田会頭は辞任したが、会頭職に替わるものとして理事長が選ばれ、新理事長に法学部の高梨公之がなった。会頭職の古田は学者ではなかったが、新理事長は学者なので、鈴木・高木体制は二人とも学者となった。事務職上がりの経営感覚の持主ではなく、学者二人で大丈夫かという危惧は、事務職と卒業生の集まりである校友会からは示されたと想像できる。しかし今回は古田会頭による経営第一主義をやめるのが、日大闘争の最大の教訓と結果であるというのが多くの関係者の思いだったのだろう。鈴木・高梨の学者二人による指導部での再出発となった。

四度の任期（合計一二年）をまっとうした鈴木総長の方策として強調すべきことは三つある。

第一に、学生数の適正化策。就任当初に公表された政策で、学部によっては定員の二倍の学生を抱えているが、それをここ一〇年ほどで一・三倍にまで下げると主張した。

第二は、裏口入学の廃止。これも就任当初に発表されたが、具体的には一九七七（昭和五二）年頃の大学入学試験に関して、文部省から強制的な寄付金徴収の廃止を要求されてから起こった問題である。入学を条件に寄付を要求して、入試の点数の不足する学生を入学させていたが、これをやめた。

第三は、推薦入学の廃止。有力な卒業生とか教職員の子弟とか、個人の推薦で学生を入学させていたが、それもやめたのである。

これら三つの課題はなにも日本大学だけではなく、少なくない数の私立大学で慣行として行われていたことであったと思われる。そしてこうしたことが少なからず私立大学の財政を潤わせていたのである。これら三つの政策は、日本大学の悪癖を治すのに役立つ大英断と評価するが、日本大学はこれらによる財政収入の減少危機を、古田会頭の遺産で乗り切れたのである。一説によると拡大路線で八〇〇〇億円の総資産、三五〇億円の溜めこんだ大企業並の豊富な資金がこのとき日大にはあったのである。この三五〇億円という額は、古田が当時の坂田文部大臣にまで口にしている、と初川（1974）にあるので、根拠なしの数字とは言えない。

さて鈴木新総長の就任時に話を戻そう。古田派とみなされた鈴木新総長は、きっと新生日本大学をつくるために、過去の大学のとった行動を率直に反省して、新しい改革案を提出したのであろう。ただし、『日本大学新聞』九月一四日号には、「旧理事であってしかも退陣を表明していた鈴木理事が残務処理という名目で理事に居続け、さらに新理事となって総長にまでなった。しかも旧理事だった古田校友会会長が理事に新しく加わることは、旧体制の継続とみなせる」という批判記事があった（『日本大学百年史』より）。『日本大学新聞』というのは大学の広報誌、悪く言えば御用新聞であるところに、この批判記事である。鈴木総長が古田派であったことはここからも類推できる。しかも古田は、会頭という職はなくなっていたが、新しく校友会の会長にまで復権したのである。

教職員組合は鈴木総長、古田会長を含む新執行部は、古田派という前体制の復活、再編強化であると批判の声明を出した。しかし全学封鎖の解かれた日本大学では、教職員も学生も再び身体を張って抵抗する気力を失っていた。

古田重二良は一九七〇（昭和四五）年の一〇月にガンで他界した。経営第一主義で日本大学をマンモス大学に仕上げた一方で、大学管理はワンマン体制で様々な歪みをもたらし、不正行為によって学生からは攻撃の対象となった人物であった。しかし初川（1974）では古田は私腹を肥やしていなかった、との記述がある。古田にとっては「すべて大学の利益のためには悪事もやむをえず」というのがあったかもしれない。

東大闘争の推移

日大闘争と同じ頃に東大闘争があった。両者は二大大学闘争と称されている。比較をしてみたい。

東大闘争は日大闘争よりも、時期としては少し先立って発生した。その起源は医学部にある。医学部では研修医制度というのがどこの大学でもあり、インターン制度と称されていた。六年間で医学部を卒業してから、一年間以上の診療や公衆衛生を大学病院などの実地で訓練を受ける制度である。問題は二つあった。第一は、多少の支払いはあったが、インターンが原則無給であったこと。第二は、無給であればインターン生はどういう生活をしていたかといえば、大学病院で診療にあたったり、夜間は民間の病院でアルバイト診療などを行なっていたこと。これは医師免許を持たない人々の診療なので、無資格診療に当たったわけである。

全国の大学医学部でこうしたインターン制度の廃止と待遇改善を求めて、学生や若い医師が運動を起こしていたが、その中心地が東大医学部だったのである。医学部というのは、山崎豊子の小説『白い巨塔』で象徴されるように、講座のトップに君臨する教授が配下の医局員、学生を支配する封建的なヒエラルキーとして認識されており、若い学生やインターンはこの組織への抵抗感が強かったのである。

東大医学部での闘争については小熊（2009）と富田（2019）から知ることができる。一九六八（昭和四三）年の一月に医学部の学生大会は、当時政府が考えていた登録医制度への反対や、研修制度の改善を求めてストライキに入った。ストライキを行うかどうかについての投票は、賛成一四四、反対一一、保留二〇、という圧倒的多数が賛成を投じるものとなった。こうした事態のなかで、二月に入ると医学生と大学側（特に医学部教授会の間）で衝突が起こり、医学部教授会は学生の処分を行ったのである。

この処分に対して、学生は撤回を求めた。しかし、種々の学生の要求に対しても、医学部側は応じようとしなかった。いくつかの国立大学医学部（徳島大、北大など）の教授会は、登録医制度への反対声明を出していたが、東大医学部長の豊川行平は政府との関係の深い人物だったので、登録医制度に関してはむしろ推進派だったのである。学生側と大学側は対話もなく、いがみあいがしばらく続いた。

局面打開をねらった一部の過激派学生は、六月に東大のシンボルである安田講堂を占拠する行動に出た。これに対して大河内一男総長は六月一七日に警視庁に機動隊の導入を要請し、学生を力づくで排除させたのである。当時の日本では各地の大学で大学紛争が起きており、警官隊導入は珍しいことではなく、東大もその策に出たのである。

この機動隊導入は、東大内で教授、学生を問わずに大学の自治権放棄だと反対の声が強くなり、法学部自治会以外の各学部の自治会は一日ストを決行したほどである。法学部だけが参加しなかったのが興味深い。官僚養成学部としてのエリート集団は、ストライキに関与しなかったのである。

全学的に東大執行部への批判が高まったし、他の学部生をも含めて一部の過激派学生は東大全共闘をつくり、大学への抵抗を強めた。主たる要求は、医学部での処分撤回、機動隊導入の自己批判、大学運営の民主化などであった。一部は「東大解体」なども叫んだりした。そして再び安田講堂を占拠し、さらに一〇月には全学部の自治会が無期限ストに入ったので、東大は泥沼状態となった。

いつまでも泥沼ではいけないと、民青系（共産党系）の学生と無党派ノンポリの学生が台頭して、収拾策を模索し始めた。一方の大学側も、大河内総長以下全学部長が辞任し、加藤一郎・総長代行の新執行部が新しい政策を打ち出すようになった。その成果が一九六四（昭和三九）年一月一〇日の全学集会（大衆団交ではない）で結実し、一〇項目の「確認書」を交わすこととなった。内容は、医学部処分の白紙撤回、自治活動の自由化、東大運営の民主化改革の実行、などであった。

これで学生側はストライキの終了に向かったが、全共闘派は納得せず、安田講堂の占拠を続けたのである。そして翌年一月一八日から一九日にかけて、国民の多くがテレビ中継で見た「東大安田講堂事件」が起こる。すなわち機動隊の突入と占拠学生の排除であった。数百名という多くの逮捕者の出た悲惨な事件であった。ちなみにこの年は東大入試が中止されたのである。

日大闘争と東大闘争の比較

ここでなぜ日大闘争と東大闘争を比較するのか、いくつかの動機を記しておこう。

第一に、日大は普通の学生を抱えるマンモス大学であるのに対して、東大は日本のトップとみなせるエリート校である。両者には意識や行動、あるいは卒業後の進路にも違いがあるので、闘争のやり方には違いがあるかもしれない。

第二に、日大は私立大学であるが、国立大学の東大であれば、学生の払う学費の額は異なるし、受ける教育の質にも差がある。さらに教授・経営側にも組織へのコミットの程度に差があるかもしれない。

第三に、闘争の発端に差がある。日大は大学側の不正経理、古田体制によるワンマン経営への不信などであるが、東大では医学部問題が発端であるし、学生側の大学管理への不満に主たる要因があった。

ここからの記述はやや印象論的な両闘争の比較になるかもしれない。両者を明瞭な対立軸の下で比較するのではなく、両者は同じ次元で評価できる点もある。同じ次元とは、学生側が弱者（被支配者）であり、大学側が強者（支配者）であるとの意識が両大学の関係者に共通しており、弱者が強者に抵抗するというのが、大学闘争に流れる共通の特色である。両者を比較すると、印象論として次のようなことが記せる。

第一に、両者をやや比喩的に評価して、秋田（1969）がこう指摘している。やや自嘲的に両者をブルジョワ的価値基準で評価すれば、粗野で無能な日大生は蛮族だろうし、謙虚で有能な東大生は貴族である、と述べている。しかしプロレタリアート革命では、蛮族は貴族を打倒せねばならない、とわかったようなわからない論述を秋田明大はしている。

やや超越的に述べれば、日大闘争は真の弱者が強者（あるいは支配者）に抵抗する姿であるが、東大闘争はエリート（あるいは支配者）内での小さな争いにすぎない、との解釈が可能である。

第二に、日大全共闘編（1969）の中における日大と東大の全共闘指導者の座談会に興味深い指摘がある。第一のこととやや関連するが、日大側からすると東大のバリケード封鎖は安田講堂だけにとどまり、日大のように全校舎の封鎖をしなかったので、東大は完全な革命を目指していない、不十分だとの主張である。筆者の解釈だと、知的エリートの象徴（安田講堂）の封鎖だけのエリート意識が東大生に充満しており、肉体派サラリーマン予備軍の日大生は身体を張って全学封鎖しないと、革命という目的は達成できないと思っていた。

第三に、大きな違いがあるのは、日大学生側の対抗意識は不正経理と主として古田重二良会頭の経営方針に向けられたのに対して、東大学生側は抵抗の相手がはっきりしていない。あえて言えば東大の権威への抵抗とみなせなくもないが、しょせんはエリート予備軍の抵抗なので、まわりからすると全共闘の東大生も一般の東大生も同じ穴のむじなと言える。

第四に、日大側には古田一派にしっかり付着していた体育会と応援団という右翼の学生が存在していて、左翼の学生のデモや封鎖に暴力で対抗してきた恐ろしさがあったのに対して、東大側にはそういう右翼的な学生はあまりいなかった。東大闘争の終末期に無党派というノンポリ派と民青派による多数の学生が「暴力反対」を叫びつつ、闘争を終わらせようとした一派の方が、日大の体育会・応援団の学生のような身体的暴力はふるわないけれども、無言の大きな抵抗勢力になった感がある。

第五に、表面的には全学集会（学生側によると大衆団交）で話し合いがつき、結果的には政権（すなわち機動隊）の圧力に屈して、結局は闘争の終末に至ったのは両者に共通である。

日大闘争後の大学の積極策

話題を日大へ戻そう。日大闘争後の大学当局は鈴木総長の教学優先政策を実行に移すために、「三カ年計画」をはじめ、種々の改革の一部は既に紹介した。学生と教育に関することをここで記述しておこう。

日大闘争の一つの契機が大教室によるマスプロ教育への学生の不満にあった。当時の多くの私立大学で行われていたこととして、入学定員を大幅に上まわる学生を入学させていたのである。日本大学も改めて学生数／定員数の比率を二倍から一・三倍ほどまでに低下させた。これは好ましい政策であったと評価できる。ちなみに一九七二（昭和四七）年における学生数／定員数の比率を表で確認してほしい（表3―1）。これをみると平均すると二倍だったことが分かる。

ところが日大当局は、それによる学費収入の低下を補うために、学生定員そのものを増加させる政策を採用した。表4―1は一九七六（昭和五一）年における各学部別の学生定員一覧である。これによると、新定員をかなりの数増加させた学部がある。経済学部は九〇〇名から一三〇〇名（一・四倍）、商学部は九〇〇名から一二〇〇名（一・三倍）、理工学部は一六六〇名から二五〇〇名（一・五倍）、生産工学部は一〇四〇名から一七〇〇名（一・七倍）、農獣医学部は一二〇〇名から一六四〇名（一・四倍）とかなりの増加である。これは日本における当時の大学進学率の上昇に対応した政策とも理解できる。

学部別の増加率の差に注目すると、大教室授業のやりやすい経済学部や商学部は当然に実行しやすいが、それらと比較して理工学部、生産工学部、農獣医学部などのように実験・実習の多い理工系で定員をかなり増加させている。これは経費のかかることであり、理工系を重視しようとする日本大学の意志を感じ取ることができるので、評価できる点である。

入学定員を増やすには校舎や設備の拡充、そして教員の増加も計らねばならないが、それの第一歩が新校舎用の校地の購入であった。一九六八（昭和四三）年から一九七八（昭和五三）年の一〇年間に、法学部は大宮校地、経済学部が川越校地、商学部が稲城運動場用地、理工学部が若松と習志野の校地、歯学部が松戸校地を購入したのである。これらの校舎は教養課程用や独立の学科のキャンパスにも利用されている。なお、現在では他の目的に使用されている校地もある。歯学部の松戸は後の松戸歯学部への

表 4-1　昭和 51 年度の学生定員増一覧

学部	旧定員	新定員
法	1,400	1,400
文理	1,200	1,750
経済	900	1,300
商	900	1,200
芸術	450	600
理工	1,660	2,500
生産	1,040	1,700
工	750	1,110
医	120	120
歯	120	160
松戸歯	120	160
農獣医	1,200	1,640
計	9,860	13,640

注：据置の 2 学部を除いた増加率は平均 1.45 倍『日本大学学報』第 181 号より作成
出所：『日本大学百年史　第三巻』

布石である。拡大路線は校地のみならず、新校舎・新実験室の建設という姿でも行われたのである。

研究面の発展に関しては、『日本大学百年史』にも詳しく報告されているように、大学院教育の拡充、付属研究所の新設と国際化への対応であった。

文部科学省は国立大学の一部（旧制大学を中心にして）を大学院大学化する政策を二〇〇三（平成一五）年あたりから実施し、それらの大学において研究を重視する姿勢を明確にするようになった。学術・技術の向上を図るためであった。私立大学もこの流れに応じて、大学院の充実策をとるようになった。旧制大学が昇格した日本大学は、新制大学になった頃からすでに多くの学部で大学院博士課程を擁していたが、それを一層充実させる方針を取るようになった。

前記の大学院は、文学、理学、工学、医学といった学問分野におけるものであったが、文部科学省は法科大学院、ビジネス・スクールといった独立の専門職大学院をも新しく創設した。法科大学院は司法試験の合格を目指す人への教育を行い、ビジネス・スクールは経営、会計、販売、人事・労務などの分野で高度な経営技能を授けて、有能なビジネスマン養成を目的とした学校である。ともにアメリカのロースクールやビジネス・スクールの教育制度をモデルとした。

まず日本大学法科大学院であるが、二〇〇四（平成一六）年に開設された。日本社会は弁護士を多く必要とするアメリカのような訴訟社会、あるいは法社会になるだろうとの予想の下、司法に従事する人の養成を行う学校を新しく創設したのである。しかし、予想は外れて法科大学院修了者の就職は容易でなくなった。しかも法科大学院で学ばなくて、司法試験の予備試験合格者が増えてきたので、法科大学院制度はさらに困難に陥った。

もう一つの事象は法科大学院の間で合格率の格差が大きくなった。二〇一九（令和元）年では、トップの京都大学六二・七％（ちなみに合格者数一二六人）から、ボトムの〇％までというように、法科大学院の間の格差が顕著となってしまった。ところで法科大学院に頼らない司法試験合格者の全体のトップは予備試験合格者の八一・八％であった。既にいくつかの法科大学院は廃校に追い込まれた。ちなみに日本大学は一四名で合格率が一四・六％、七四大学中の三八位の順位であった。廃校にまでは追い込まれないであろうが、可もなく不可もなくというところだろうか。

法科大学院制度は日本の教育界、司法界による失敗の政策であったと私は判断している。なぜ失敗であったかとか、どう改革すればよいかは、本書の目的から外れるのでこれ以上言及しない。

問題は日本大学のビジネス・スクールである。日大のビジネス・スクールはグローバルビジネス研究科を廃止して誕生した。しかし一九九七（平成九）年に開設した日本大学のビジネス・スクールは、二〇一五（平成二七）年には廃校となってしまった。実は日本のビジネス・スクールも困難な時期にいる。その理由は大きく二つある。まず第一に、日本の企業では学部卒で採用してから自分の企業で訓練を重ねながら育っていく、という慣習をまだ放棄していないこと。第二に、伝統と名声を誇るアメリカのビジネス・スクールへの留学を目指す人が、まだ日本では結構いて、国内のビジネス・スクールを目指す人はそう多くない。

第二の点に関して言えば、日本企業が社員をビジネス・スクールに派遣するときも、日本のビジネス・スクールよりも欧米のビジネス・スクールを勧めるとされる。ただし費用を企業が負担して社員に外国の大学のＭＢＡを獲得させても、その企業を辞して他の企業に移ることがよく発生したため、企業は会社が負担して社員を欧米ビジネス・スクールに派遣することに乗り気ではなくなっているようである。こうした状況が続けば、あるいは日本のビジネス・スクールの人気も高まるかもしれない。

人口研究所

日本大学が設立した研究所に関しても一言述べておこう。日本大学は各学部に付属する研究所、例えば医学、歯学、経済、商などの分野で多く設置されているが、大学本部直属の研究所もいくつかある。これら研究所の紹介も『日本大学百年史』で本部直属の研究所として多くのページが割かれている。ここでは筆者がよく承知している「人口研究所」を代表例として紹介しておこう。

「人口研究所」は一九七八（昭和五三）年に経済学部教授の黒田俊夫を所長として発足した。これは総長指定の総合研究「二一世紀・日本の針路」の一部としての出発したもので、大学当局も相当に力を入れた研究所であった。

黒田は日本大学経済学部卒業後、人口問題の研究に従事し、厚生省の人口問題研究所の所長を務めてから、日本大学の教授となった人口問題の権威である。人口に関する著作も多く、国連人口委員会の政府代表を務めるなど、学界、行政界の重鎮であった。大学で人口研究所が設けられたのも日本大学が最初であったし、日本、アジアの人口問題に関して数々の研究業績を挙げて、存在意義を高めた。

その後小林和正、小川直宏などの有能な研究員を迎え、人口研究所の伝統は引き継がれた。特に小川直宏は日本大学出身でアメリカの大学院でPh.D.も取得した国際人である。日本語だけでなく英語での研究業績も多く、日本を代表する人口学者の一人となった。人口研究所の所長も務めたが、今は名誉教授である。筆者も関心が近いだけに個人的付き合いがあり、日本大学の学者といえばまずこの小川が浮かぶ。

現代の研究所をＨＰで見ると、所長が学長の大塚吉兵衛（歯学者）になっていた。専任の所長を設けていないのは不思議である。研究所員の名前と業績を見ると五名の少数であるが、研究業績には優れたものがあるので、人口研究所は脈々と名声を保っている。

日大闘争後の学生生活

あれだけ激しい学生運動の挑戦を受けた結果、大学当局はこれまで述べてきたように、教育・研究、大学経営の姿を変更させてきた。同じことは学生にも当てはまる。学生の場合には四年間しか在籍しないので、新陳代謝が激しい学生の態度や生活の変化の方が大きいかもしれない。ここで日本大学の学生が闘争後にどうなったかを考えてみたい。

闘争中の学生は大学当局が学生管理を強くしていた政策（例えば検問制度で代表される自治活動の制限や過剰な警備体制など）に強硬に反対したが、これも闘争終了後は緩和されたので、学生の不満も小さくなった。それに何よりも新しく入学してきた学生は過去のあの激しい闘争を直接知らない。過去は大学や社会への反抗心のある学生が多かったが、新しく入学してくる学生は日本の経済が豊かになったこともあって保守化に向かった効果もある。

実態はどうであったろうか。吉田（1981）では二つのアンケート調査（一九七九年と一九八〇年）を報告している。学生の政治指向を問うたもので、学生の意向を次のようにまとめている。これは「自分を保守と考えるか、それとも革新か、中道か」といった問いへの解答比率である。

保守　二八％
中道　三〇％
革新　二二％
わからない　二〇％

保守が二八％とかなり多く、最大は三〇％の中道である。この二つを合わせると五八％なので、多数派は中道穏健の政治思想の持主と結論づけられる。革新は二二%にすぎず、学生の革新支持、あるいは左翼色は相当に弱まっていると理解できる。

むしろ興味のある学生の意識は、次のような質問、すなわち「あなたは、当時新空港建設の土地収用に反対した成田闘争にみられるような過激派の行動をどう思いますか？」に対しする回答比率でうかがえる。

考え方も行動も支持　四・八%
考え方は支持するが行動は支持しない　三五・一%
考え方は支持しないが行動する気持ちはわかる　六・七%
全く支持しない　二五・〇%
興味がない　二六・三%

この回答で一番多いのは「考え方は支持するが行動は支持しない」の三五・一%であり、次いで「興味がない」「全く支持しない」が続く。これらをまとめれば、闘争に無関心か支持しないが多数派で、しかも支持しても暴力による反対闘争の不支持である。新しい時代に入って、学生はあの日大闘争で示した激しい反対闘争を忘れたかのように、穏健思想への転換が目立つのである。

こういう状況であれば学生の気質にも変化をもたらす。『日本大学百年史』では一九七〇年代、八〇年代の日本大学の学生を素描して、次のようにまとめている。

大学闘争や安保闘争で大学生が反対運動をしていた姿は、もうテレビでの過去の映像としか知らされていない。大学生は目的をさほど持たずに（つまりまわりが進学するから自分もそれに遅れないようにと）大学に入学し、勉強はそこそこするが、就職先だけはしっかり確保するという大学生活に入る。しかも遊ぶという活動はしっかり行なうので、アルバイトを行なってその費用を稼ぐという、「勉強はそこそこ遊びはしっかり」という「大学はレジャーランドになってしまった」という批判が社会から与えられる時代となっていた。

日本大学の学生もここで述べられた当時の学生気質にどっぷりとつかっていた、と『日本大学百年史』には報告されている。これこそが大学進学率が四〇～五〇％に達した「大衆高学歴社会」とも言われるようになった、日本大学をも含めた日本の大学、そして大学生の姿となったのである。日本が経済的に豊かになり、多くの子弟が大学進学可能になった時代の帰結でもあった。

卒業後の就職先に注目してみよう。オイルショック時（第一次の昭和四八年頃と第二次の昭和五三年頃）は日本経済は打撃を受け、「新卒採用一括方式」という独特な日本企業の採用方針の影響を受けて、大学生の就職状況にも良い時期と悪い時期が交錯することは避けられなかった。とはい

表 4-2　昭和 52 〜 62 年度主な企業（資本金 10 億円以上）の採用状況

企業名		55	56	57	58	59	61	62
建設業	大成建設	25	31	25	21	31	24	40
	鹿島建設	15	13	10	14	11	16	16
	大林組	12	14	15	8	11	17	24
	清水建設	13	17	19	14	9	16	22
	熊谷組	25	16	19	17	19	23	17
製造業	伊藤ハム	6	3	6	14	7	10	11
	山崎製パン	9	10	6	7	6	9	10
	大正製薬	19	14	9	10	9	7	6
	テルモ	1	1	8	5	11	1	4
	エスエス製薬	13	11	8	3	7	7	8
	資生堂	8	3	4	5	5	3	5
	協和発酵工業	4	6	7	8	3	4	6
	富士通	23	30	32	40	57	49	49
	日本電気（NEC）	18	36	31	35	38	32	34
	東芝	1	8	8	13	23	29	16
	本田技研工業	21	34	30	12	17	12	15
	トヨタ自動車	8	20	11	13	13	14	12
卸小売	西友	15	22	9	12	12	5	10
	西武百貨店	28	39	37	13	16	28	21
	キャノン販売	7	5	7	13	10	8	7
金融業	太陽神戸銀行	11	9	15	8	6	9	12
	第一勧業銀行	6	6	5	4	5	4	5
	住友銀行	7	5	5	6	4	7	7
	三菱銀行	4	5	5	4	6	10	10
	富士銀行	2	4	5	4	5	5	12
	東京相互銀行	16	6	12	8	13	10	34
	日本信販	12	25	41	26	16	19	14
	日興証券	10	14	7	5	7	15	26
	日本勧業角丸証券	10	3	12	11	14	11	19
	三洋証券	6	8	4	6	5	21	3
	住友海上火災保険	1	0	2	4	6	5	5
	安田火災海上保険	1	2	5	1	4	-	3
	日本生命保険	3	9	10	3	7	8	4
	リクルート	3	1	6	3	8	1	2
	全国朝日放送	3	4	3	3	1	-	-
	読売新聞	2	2	4	2	0	1	-
その他	日本電信電話（NTT）	22	25	37	30	55	67	63
	日本航空	2	5	3	2	4	5	7
	日本通運	21	13	11	12	18	15	19
	コンピューターサービス	19	23	30	7	51	-	-

注：昭和 55 年度〜 59 年度は採用数、61・62 年度は内定数。
（『日本大学新聞』第 979 号・1002 号・1014 号より作成）
出所：『日本大学百年史　第三巻』

え一九八〇（昭和五五）年代の後半にバブル時代に向かう時期には、企業の新卒採用意欲はかなり強かったので、大学生の就職は売り手市場の感があったことを付記しておこう。

これらの時期における日本大学の学生がどのような企業に就職していたかを、表4―2で見ておきたい。資本金一〇億円以上の企業なので、確実に中企業以上の企業であり、この表に出ている企業名には日本を代表する名門企業が含まれていることに注目しておこう。

この表でわかる点をいくつかまとめてみよう。

第一に、日本を代表する名門の大企業にかなりの数の学生を送り込んでいる。それは建設業、製造業、金融業、その他産業を網羅しており、日本経済の屋台骨を支える経済人を養成した日本大学として、役割を率直に評価しておこう。

日本の大企業は採用に際して出身大学の名前にこだわる学歴主義という側面が過去にあったし、今でもそれは残っているが、この表を見る限り日本大学は採用に関しては、東大、京大、一橋大、早慶両大学には多少劣るが、存在価値のある大学としてこれらの企業に卒業生を送り込んでいたのである。

学歴主義は、企業に就職してから、その企業で出世して重役や社長にまでなる人の学歴を調べると、そこではここで列挙した大学を中心とした大学の卒業生が多い、という事実をも意味する。当時の日本の名門企業の経営者の出身大学を調べると、かなりの程度がここで挙げた名門大学出身者で占められていた。例えば橘木（1995）参照のこと。

残念ながら学歴主義がまだ強かった頃、日本大学の卒業生は名門企業の重役、社長などの経営者になる人の数は少なかった。課長、部長などの中堅幹部になる卒業生は多かったのである。しかし後に詳しく述べるように、日本大学の卒業生は日本一の社長輩出数なので、名門大企業ではそう多くいなかったが、中小企業を含めた中堅企業においては日本大学卒業生は経営者として成功する人を多く輩出したのである。

第二に、この表でも如実に現れているが、製造業の大企業に多くの卒業生を日本大学は送り込んでいる。日本電気（NEC）、富士通、日本電信電話（NTT）などには大量の卒業生がいるので、理工学重視の特色がここで生きている。

第三に、日本大学関係者にヒアリングすると、建築業界では日本大学は格別の位置を占めているとされる。教授として建築学会において活躍する人が結構いるし、卒業生の中でも建築業界で名の知られた人は多いとされる。後に示すように一級建築士が多数いることによっても、建築界の日本大学の高い地位がわかる。この表においても、日本を代表する建設会社に多く就職しているので、こういう会社での卒業生はきっと活躍しているものと想像できる。

創立百周年記念事業

日大闘争が終了してしばらく時間が経過すると大学に平穏が戻り、新しい発展の道に進んだ。

新しい学部の新設、研究・教育の充実に邁進、そしてこの時期の特徴として日本が国際化の道に進んだので、日本大学も国際化への努力に励んだ。国際研究プロジェクトの企画・実行、日本大学の教員や学生が外国の大学を訪れて研鑽する機会を増やしたり、外国人留学生を多く招く政策もとられた。具体的にどういう成果があったかは、『日本大学百年史』に詳しく報告されている。

ここでは長い歴史を誇る日本大学の百周年記念事業についてふれたいと思うが、その前に創立九十周年記念について一言だけ言及しておこう。五十周年記念については本書でも詳しく論じたが、その後記念事業は大々的に行われておらず、九十周年には何かやりたいとの気運が高まっていた。それは一九七九(昭和五四)年に向けての企画であった。

いくつかの企画が実行された。第一に、早稲田の「都の西北……」、明治の「白雲なびく……」のように、卒業生、学生がすぐに口をついで歌う校歌がほしいと公募した。公募に応じた芸術学部の二年生、金沢裕の作詩『桜の木の下』に、同じく芸術学部の卒業生である作曲家・森田公一に依頼した曲が完成した。第二に、学祖・山田顕義を記念して、山口県萩市に顕義園の創設を行った。

第二に、日本大学のキャンパスは東京近辺の各地に分散しているので、全学的な行事を行い、かつ全学を管理する場所として、靖国通りに面したところに本部棟である「日本大学会館」という立派な建物を完成させた。これはマンモス大学にふさわしい会館となった。

ところがである。一九七九(昭和五四)年に、入学試験において歯学部、理工学部、法学部、医学部などにおいて幅広い入学試験不正事件が明るみになり、大学は関係者の処分と、九十周年記念式典の自粛に追い込まれることになる。

こうして九十周年事業の失敗という反省の下、次の百周年記念は大学として成功に導く必要があった。しかも一世紀目の記念なので、大々的に行う期待もあった。

具体的にどのような企画が実行されたのであろうか。簡単にまとめると次のようになる。

第一は、募金の目標額が一〇〇億円に設定された。さすが数多くの卒業生を生んだ日本大学ならではの大計画である。

第二に『日本大学百年史』の全五巻（ページ数にすると四〇〇〇ページを超える大冊である）の出版である。これも日本大学ならではの企画であり、その大きさプラス内容の充実に関しても、他の追随を許さない大学史である。本書の執筆もこの百年史がなければ到底なされえないことであった。

第三に、学術講演会、国際シンポジウム、記念式典の挙行であった。記念式典には皇太子殿下の臨席予定であったが、天皇・皇后両陛下（皇太子が天皇に即位され平成時代になっていた）の臨席になったので、当局としては名誉であったろうし、逆の見方をすれば日本大学が日本の教育界に占める役割の大きさという功績が評価されたのである。

第四は、日本大学が半世紀前に行った記念事業における総長のあいさつ（式辞）と、今回における総長のあいさつ（式辞）の間に、変化があったかどうかである。日本大学の基本的思想に変化があったかどうかを読み取ることができることから、筆者にはこの点に大きな関心があった。二つの記念事業における総長のあいさつだけでなく、戦後になってからの総長や古田重二良会頭による演説もあわせて注意を払い、その変化を考えてみたい。五〇年前の山岡総長の言葉は次である。既に引用したが再記しておこう。

わが日本大学は、明治二十年代に横行した無自覚的欧米追随の弊風を排して、皇国日本の進学風を興起するがために、時の先覚者・山田顕義伯の主唱に依って生まれたものである。即ち、わが日本大学は、日本国体の尊厳を崇重して、建国の大精神を仰慕し、皇道を内外に宣揚せんことを主旨とした。（『日本大学百年史』第二巻、六二三ページ）

この文章の解釈は不要であろう。戦前の日本において、日本大学が日本精神の高揚という右翼の立場にいたのは事実であり、時代の反映でもあった。

既に第3章で記述したことであるが、日大闘争の起きる前の一九五九（昭和三四）年に「日本大学の目的及び使命」の中で、次のような文章が発せられた。それは「日本大学は、日本精神にもとづき、道統をたっとび、憲に章にしたがい、自主創造の気風をやしない文化の進展をはかり、世界の平和と人類の福祉に寄与する」である。道統という言葉が内部で紛糾したことは既に述べたが、儒学思想に忠実であるべきかを巡ってもめたのである。しかし日本精神の保持は主張されていた。

先に引用した一九五九（昭和三四）年の文章は、百周年記念の募金趣意書にも引用されているので、大学当局の基本方針には変化がなかったと理解できる。

筆者が関心を持ったのは、第七代目の高梨公之総長が、次のような発言を百周年記念を控えた年の『日本大学公報第一九一号』で行っている点である。

（日本）大学を構成している各学部も、それぞれが大きくなり、一つの学部が中規模の他大学より、さらに大きいという現実さえ出てきました。（中略）総合大学である以上、単科大学の集合ということだけでは余りにも残念だと思います。

大学幹部も日本大学がマンモス化しすぎているかもしれない、という自省の言葉を発していると解釈できる。もとより大きくなりすぎた大学を分割するとか、規模を縮小する案は実行不可能であるから、どうすれば個々の教員と学生が満足できる大学生活を送れるようになるのか、それを今後とも模索したい、との宣言と受け止めておこう。

これに関して高梨総長は注目する発言を、同じ『日本大学公報第一九一号』でしている。

創立百周年を迎える本学が、ほかの大学と比べられるとき、第一に挙げられるのは、そこに

どれだけ優れた先生がいるか、ということです。（後略）

高梨総長の言う「優れた先生」が、研究業績で優れた人を意味するのか、それとも優れた教育をする人を意味するのか、必ずしも明確ではないが、少なくともこれまでは経営優先（古田会頭）、教学優先（鈴木総長）を第一義としてきた日本大学において、教授の質の充実を口にしたトップの出現は画期的である。

高梨の研究業績を調べると、民法、家族法、婚姻法などの分野で優れた著作をしている人だけに、教授の研究の質が大学の価値を高めるのである、と信じていた、と想像できる。そして優れた研究をする教授の下で教えられる学生も、きっと刺激を受けて学ぶことに励むであろう、と期待できるという意見の持主だったと思われる。

もとより日本大学のような巨大な組織になると、一人のトップだけでその組織を動かすのは困難である。例外は過去の古田重二良会頭のような、良く言えばカリスマ、悪く言えば暴君のような指導者がいれば別であるが、いろいろな考え方をもった人のいる理事会、学部長会を革命的に改革するのは容易ではない。

第5章　高学歴大衆社会における日本大学

大学大衆化への道

大学紛争が沈静化に向かいつつある頃を含めて、その前後の二〜三〇年の日本の大学では新しい動きが見られるようになっていた。それは表5―1で示されるように、大学の数と大学生の数の急激な増加であった。一九六五（昭和三〇）年には二二五校だった大学の数は、一九九〇（昭和五五）年には四四六校に増加した。また、大学生の数は五二万人ほどから一八三万人ほどとなり、なんと三・五二倍の増加であった。その増加は、表がいみじくも示しているように、私立大学によって担われたのである。大学進学率を見てみると、一九七〇年では一〇%前後であったのが、一九七五年には一七・〇%、一九八〇年には二三・七%、一九九〇年では三七・五%にまで上昇した。ちなみに現在の大学進学率は五〇%を超える水準にまで上昇している。

戦後から現在まで日本の大学生の数、大学進学率が増加した理由を説明するのはそう困難なことではない。いくつかの理由を列挙しておこう。

第一に、日本は明治時代以降、学歴社会であるとの信念があるので、できるなら大学に進学し

表5-1　大学数と学生数の推移

年度	大学数				学生数			
	総数	国公立	私立	私立の%	総人数	国公立	私立	私立の%
昭和30	228	106	122	53.5	523,355	210,991	312,364	59.7
35	245	105	140	57.1	626,421	222,796	403,625	64.4
40	317	108	209	65.9	937,556	27,6657	660,899	70.5
45	382	108	274	71.1	1,406,521	359,698	1,046,823	74.4
50	420	115	305	72.6	1,734,082	408,652	1,325,430	76.4
55	446	127	319	71.5	1,835,312	458,726	1,376,586	75.0
57	455	129	326	71.6	1,817,650	477,773	1,339,877	73.7

注：学生数には、学部学生のほか大学院・専攻科・別科の学生、聴講生、研究生等を含む。
　『戦後日本教育史料集成』別巻所集「統計」より作成
出所：『日本大学のあゆみII』

たいという希望は、本人と家族の多くが抱いていた。

第二に、ところが戦前では日本全体が貧しかったので、家庭の経済状況から大学進学をあきらめた人は多かったが、高度成長期とそれ以降において家計所得が増加したので、子弟を大学にまで進学させられる余裕が生じた。最初の頃はまずは男の子を大学に進学させたが、その後経済的余裕が高まると女の子も大学に進学するようになった。

第三に、経済を強くして経済成長率を高めるには有能な労働力を豊富に必要とする。産業界からはこういう有能な人の需要が高まったので、政府もこれに応じるべく高等教育機関の育成に熱心であった。

第四に、第一のところで「日本は学歴社会」であると述べたが、学歴社会には二つの意味がある。一つ目は、最終学歴として中学、高校、短大、大学のできるだけ高い段階まで進学すると有利であるとの考え。二つ目は、最終学歴が大卒であっても、どこの大学（名門校かそうでないか）を出たかが、どういう職業生活を送れるか、昇進などで有利な人生を送れるかどうか、を決めるという考え。後者は、象徴的には東京大学出身者が有利という通念で代表してもよいだろう。日本大学をこの点から評価するとどうか、については後に詳しく検討する。

なぜ私立大学に頼ったのか

大学生の数のうち、七〇〜八〇％を私立大学生が占めている今日の日本では、私立大学が大学教育を担っているといっても過言ではないが、なぜこのようになったのであろうか。しかも授業料で評価すると、一九六〇・七〇年代の私立大学は国公立大学の五〜六倍の額に達していた。経済的に苦しい家庭の子弟は私立大学に進学するのが困難であるにもかかわらず、日本はなぜこうも私立大学に依存する国になったのであろうか。

いくつかの理由が考えられる。第一に、高等教育への需要がとても高まった時代だったので、国を含めて教育界は私立大学に頼らざるをえないと感じていた。なぜならば、国家予算は教育以外の分野、例えば公共投資や地方振興などに向けられる割合が高く、教育支出の額を抑制せねばならなかった。しかも大学に関しては国立大学への支出で手一杯であったことも響いている。

第二に、私立大学側が熱心に学生を募集し、大学教育の一翼を担う気概に満ちていたことがある。日本社会においてこれから大学進学率が高まるという予想があったため、私立大学の新設や増設に向かったという事情は大きい。ごく一部には私立大学の経営によってお金持ちになろうとした大学経営者もいただろうが、大半は自己の教育観に基づいて子ども・若者の教育にあたりたいとする私学経営者であった。

そして第三に、経済的に豊かになった家庭においては、高い学歴を得たいがために、たとえ学費の高い私立大学であっても、大学進学への希望が高くなっていた。これがもっとも重要な私学隆盛の理由だろう。

そのことを示す統計は文部省の『学生生活調査（一九七二年版）』で見ることができる。低所得階層（五分位所得階級の最下層）の私立大学進学率は二・八五%であった。一方、高所得階層は低所得階層の一一・四倍も私立大学進学率が多い。このことから当時の私立大学は高所得階層の子弟に限られていた、といっても過言ではない。『日本大学百年史』も私立大学は高所得階層用であったと認めている。

とはいえこれですべての私立大学生が裕福な学生生活を送っていたとみなすのは間違いである。中にはアルバイトに明け暮れざるをえず、実家からの少ない仕送りを補うために自己で働いて、学費と生活費を稼いでいた学生もかなりいたことを忘れてはならない。

私学助成金の導入

授業料は国公立大学の五～六倍にも達しているのに、私立大学の経営には苦しいものがあった。日本大学では古田会頭の経営第一の大学管理方針が功を奏して、赤字に転落する年は二～三度しかなかったが、他の私立大学では多くが経営不振に陥っていた。そこで私立大学では授業料値上げ策を導入しようとしたが、早稲田、慶應、明治などの主要大学で象徴されるように、学生から強い抵抗に合う。授業料値上げの反対闘争は、全国に拡大した当時の大学闘争の契機の一つになったほどであった。

なぜ私立大学に国費、特に経営費が投入されていなかったのか。いくつかの理由を指摘できる。国費が入ると私立大学は国、文部省からの管理が厳しくなるので、建学精神を生かすような自由な大学教育・研究ができなくなることを恐れたことが大きい。文部省も自分達に管理責任のある国立大学への関心が第一で、国立大学には国費を投入するのはあたり前とみなしていた。一方で、私立大学に対しては自由におやりなさいというスタンスであった。

ところが高い学費の私立大学は大教室でのマンモス授業、研究費も国立大学より私立大学は劣っているなど、教育・研究に関して国立大学より私立大学がかなり劣位にあることが明白となり、私立大学当局と学生の不満が高まっていた。この不公平感を察した政治家（特に私立大学出身者に多かった）が私学補助金制度の導入に動き、「大学の運営に関する臨時措置法」を一九六九（昭和四四）年に成立させた。私立大学における人件費、研究費などの経営経費への補助金支給がスタートしたのである。どの程度の額が私学助成金として私立大学に供与されたのか、表5―2で確かめておこう。これによって私立大全体と日本大学への補助金額がわかる。

当初は私立大学全体への助成金は一二九億円ほどの少額（日本大学は七億八〇〇〇万円）であったが、一〇年後の一九八〇（昭和五五）年には二五八〇億円ほど（日本大学へは一三九億円ほど）で、二〇倍（日本大学へは一八倍）も増加している。私学助成金はかなり重要な私立大学における収入源になっていることがわかる。しかし私立大学の全経費に占める助成金の割合はまだかなり低かった。

私学助成金に関する日本大学の話題をいくつか述べておこう。

第一に、全私立大学の中で日本大学への助成金が第一位の額であった（現在では日本大学は第一位ではない）。これは日本大学が日本一の規模を誇るマンモス大学だからである。教員数や学生数に応じて助成金の額が決められる要素が強いし、医学部・歯学部を擁する大学は資金が多額に必要なだけに補助金の高くなる傾向がある。

第二に、古田会頭の言として、『日本大学百年史』に次のような記述がある。「私学助成金を受け取ると、国や文部省からいろいろコントロールを受けるかもしれないので、私学助成金はなくてもよい」としている。さらに、どうせ文部省のやることだから、早慶両大学を中心にしてそういう大学に多額が支給されるだろうから、日本大学はそう多額を受けられないだろうと予想している。実質はそうでないことは既に日大の第一位の受給額で示した。
第三に、初川（1974）に次のような記述がある。

表 5-2　私立大学等経常費補助金　　（単位：円）

年度	助成金総額	日本大学への助成額
昭和 45 年	129 億 3661 万	7 億 834 万
46	196 億 9556 万	9 億 763 万
47	298 億 6597 万	15 億 4151 万
48	431 億 8316 万	23 億 4606 万
49	708 億 9942 万	37 億 2063 万
50	1000 億 3050 万	56 億 7685 万
51	1287 億 48 万	72 億 1402 万
52	1601 億 2039 万	90 億 5084 万
53	1971 億 7090 万	108 億 4713 万
54	2350 億 5555 万	126 億 3931 万
55	2579 億 8843 万	139 億 4730 万

注：1 万円以下は省略
　　日本大学は常に全私立大学中第 1 位の補助を受けた。
出所：『日本大学百年史　第三巻』

日大闘争の最中に古田会頭が当時の坂田文部大臣と会合を持ったとき、論議になりつつあった私学助成金が話題になって、坂田大臣が「日大は三五〇億円もの貯えを持っているから私学助成金など必要ないだろう」と発言したとか。古田会頭の自慢は、自己の経営第一主義・政策の成功によって巨額の貯えのあったことのようで、坂田発言は冗談めいてはいるが、興味深いものがある。

　ここで私学助成金を現代の視点で評価しておこう。国が高等教育に支出する額は先進国の中で最低比率に近いほど少額なので、国立大学のみならず私立大学に国が補助金を支給する政策は正当化できる。私学助成金の導入当時、私立大と国立大の授業料格差は五〜六倍の大きさであったが、その後国立大の授業料は大きく上げられたので、理科系は別にして今はその格差は二倍程度に縮小している。

一言付言しておけば、当然ながら私学助成金の財源は税金である。私学助成金の導入時は、私立大学は国のコントロールを恐れたが、税金の使い道やその効果を国民は知る権利がある。支給しただけで後は何も知ったことではないではすまない。これからはこうした点がより分かりやすく開示されることが望ましい。

鈴木・高梨体制の改革

日大闘争が収束してから総長・理事長の公選制が導入され、新体制が誕生した。これまでの古田体制による経営優先主義を排し、教学優先主義の導入が新体制の最優先政策であったことは既に述べた。ここではその内実をもうすこし詳しく見ていきたい。

具体的には一九七〇（昭和四五）年に「三カ年計画」を公表して、種々の改革に取り組むことを宣言した。それを読むと一応は納得できる案が提示されている。例えば、人事の刷新、経理の公平性、研究・教育体制の改善、教職員の待遇改善、学則の民主化、など日大闘争の原因となったいくつかの要因の改善を主張している。

興味深いのは『日本大学百年史』では「愛情教育」という言葉を用いて、学生の指導をゼミナールなどの少人数教育を行うことによって、教学面のみならず精神面への援助を行うとしている。

表 5-3　昭和 49 年〜昭和 58 年　学部学生数推移表

	一部			二部			総数
	男	女	計	男	女	計	
49	71,187	6,728	77,915	8,258	152	8,410	86,325
50	72,439	7,428	79,867	8,570	170	8,740	88,607
51	71,215	8,012	79,227	7,692	159	7,851	87,078
52	70,230	8,511	79,234	7,643	171	7,814	87,048
53	68,646	8,525	77,171	6,983	151	7,134	84,305
54	66,345	8,652	74,997	6,354	115	6,469	81,466
55	63,514	8,531	72,045	5,574	117	5,691	77,736
56	61,017	8,268	69,285	4,711	102	4,813	74,098
57	57,487	8,185	65,672	4,097	107	4,204	69,876
58	56,231	8,272	64,503	3,953	120	4,073	68,576

注：1．各年度の『日本大学学報』から作成した。
　　2．各年度の 5 月 1 日現在数を採ったが、昭和 49 年・57 年は 10 月 1 日現在数である。
出所：『日本大学百年史　第三巻』

教員と学生が寝食を共にしてマンツーマンの〝めんどうをみる〟教育を行うと主張している。大人の学生を相手にするにはややおもはゆい言葉ではあるが、その心意気は評価できる。

これを実行するには、一教授あたりの学生数を少なくする政策が不可欠である。それはマンモス大学の定評がある日本大学の規模を小さくすることで達成される。表5―3は鈴木総長時代の学生数の推移を示したものである。当初は一部（昼間部）で八万人近くいた学生が六万四〇〇〇人ほどに減少しているので、一万五〇〇〇人ほど減っている。政策はかなりうまく進行したと解釈できる。しかも教員の新規採用もかなりあったので、教員・学生比率はより適正になっていった。ちなみに二〇二〇（令和二）年では学部学生の数は六万六〇〇〇人なので、その後は増減なかったようである。

もう一つ指摘しておきたい点は、二部（夜間部）の学生の半減である。日本法律学校の設立当初から、日本大学は夜間部の学校としてよく知られていたし、勤労学生にも教育の機会を与えるという好ましい学校であった。しかし夜間部は戦前に一時廃止（昭和八～九年頃）されたが、戦後になって復活することになった。しかし、表の示す通り夜間部の学生は減少の傾向を示し始め、結果的には、後に廃止されることとなる。

最後に、日本大学のみならず私立大学で特有であった入学定員を超える学生数の存在に関して、多いときは一・五から二・〇倍にも達していたのを、一・三倍あたりまで下げたこと、入学試験の成績に応じての寄付金の多寡による入学許可などの政策も、世論と文部省の批判に応じて廃止した点も評価しておこう。

新学部の創設

各学部の入学定員を上回る入学生の数を減少させる政策はうまく進んだが、これは学生総数の減少をもたらす。それが続くと大学収入の減少につながるので、それを防ぐために新学部を創設する手段を日本大学は採用した。しかも高等教育への需要は高まり続ける気配にあったので、日本大学のみならず私立大学の新設、あるいは既存大学における新学部の創設が進行した。学生数を確保できない心配は、当時の大学界にはなかった。さらに私学助成金制度の導入も、私立大学に財政不安を和らげることになっていた。

日本大学はこういう状況の下で、新学部の創設と既存学部における新学科の新設という政策を、一九七〇年代から八〇年代にかけて積極的に取り組んだ。それらの動向をごく簡単に見ておこう。

第一に、理工学部に海洋建築工学科、航空宇宙工学科、電子工学科を一九七八（昭和五三）年に新設した。これらは既存の学科の中にあったコースを独立させたのである。既存の土木、建築、機械、電気、工業化学などの一〇学科が一三学科になり、理工系重視の日本大学はますますその内容を充実させることとなった。特記すべきは、機械工学科から独立した航空宇宙工学科であり、国産飛行機第一号（Y511）を開発した木村秀政教授を中心にした学科で、後に詳しく記述する。

第二に、松戸歯科大学（後の松戸歯学部）の設置である。これは一九七一（昭和四六）年から一九七六（昭和五一）年にかけて設立された。歯科医師の不足が予想されたこともあり、歯学の伝統を誇る日本大学は、新歯学部の創設を計画した。しかし、一つの大学に歯学部を二つも持つのは文部省の許可が得られない可能性があり、千葉県松戸市に日本大学松戸歯科大学をまず設立した。そして、しばらくしてからそれを松戸歯学部と名称を変更したのである。教授陣、事務員は日本大学内の人材で調達されたので、実質的には名称の変更にすぎなかった。鈴木勝総長が歯学部出身だったので、第二歯学部の新設に熱心であったことも大きいであろう。

ここで日本大学の一つの特色を記しておこう。それは一つの大学内に、似た学問を研究・教育する学部を複数持つ大学ということである。すなわち、工学系では、理工学部、工学部、生産工学部の三学部があり、歯学系では、歯学部と松戸歯学部という二学部である。このように一つの大学で似た学部を複数持つ大学があるかどうかを調べてみると、別に日本大学だけがユニークではないことがわかった。例えば、東海大学、近畿大学などでは工学系でその例がある。国立大でも大阪大学に工学部と基礎工学部の二つがある。とはいえ医歯学系ではその例はないと思われる。

第三に、三島教養部のキャンパスに、国際関係学部が一九七七（昭和五二）年に新設された。国際化の進行は、国際貿易の増加、人々の国外移動、金融の国際化、学問・研究の国際化、外国語の普及、などの諸分野で目立つ世の中となり、それに対応する教育・研究体制が大学にも求められる時代になっていた。

外国語と地域文化の教育、国際関係、国際経済などを教育して、国際人を育てることを目的とする学部である。アメリカ、ヨーロッパ、アジアの社会、経済、政治などに強い人の養成を掲げた学部だ。実は三島教養部では外国語の教育が大きな柱なので、先に述べた諸科目を教えることのできる人材がすでに多くおり、教員の確保はそう困難ではなかった。例えば東京大学教養学部は教養科目のみならず、専門科目として地域研究（アメリカ、ヨーロッパなど）を教えているし、大阪大学では旧教養部の語学教員が独立して、言語文化学部を新設していたし、後に大阪外国語大と合併して、外国語学部となっている。

日本大学国際関係学部の学生は、一定期間を外国での研修期間として用意しており、学生は関心のある国に滞在することが求められる。私立大学では国際基督教大学（ＩＣＵ）がこの種の学問を教える大学の先駆者である。公立大学の秋田国際教養大学では、学生に一年間の外国大学留学を義務としているし、授業のほとんどは英語でなされている。実は国際関係学部関連の学部は多くの国公私立大学で設置されており、この種の学部における大学間の競争は激しい。

第四は、一九九七（昭和六三）年に設立された薬学部である。実は薬学部は理工学部に属していた薬学科が独立したものなので、創設ではなく発展とみなした方が正しい。製薬は生物学や化学との関係から工学の要素もあるので、まったく不合理な所属先ではなかったが、文部省の指導もあって独立の薬学部にしたのである。なお所在地は千葉県の習志野市なので、東京以外の地域にキャンパスを持つ日本大学の特色がここでも生きている。

鈴木体制の評価

ここで日大闘争後に総長となり、四期一二年を務めた鈴木体制を簡単に評価しておこう。大闘争を経験しただけに、新生日本大学はある程度の改革を行った。特に鈴木総長の教学優先策、例えば学生数の抑制、入試における様々な改革（例えば裏口入学や寄付金入学の廃止など）は、完璧な成功とまではいえないが、ある程度うまく進行した。

興味あるのは、日大闘争のきっかけの一つとなった「二〇億円脱税と使途不明金事件」に関して日大当局は、税務当局からこの事実に関しては、「脱税」や「使途不明」というよりも、給与以外の各経費（研究費、旅費、図書費、出版助成金、など）を所得として計上していないという徴税上のミスであるとの言質を、税務当局からもらったことであった。通常の申告漏れと同じ処理ができて、追徴課税の支払いで済んだ。それに古田重二良の不起訴処分もあったので、古田本人のみならず日大関係者もほっとした。

これらは日大当局にとっては助け舟であったが、新聞各紙上で「二〇億円脱税・使途不明金」と大々的に書かれたダメージを覆すことができなかった。しかし、この結果は、その後の会計報告の正常化策の導入につながったのである。

では日本大学の経営が不正がなく進んだかといえば、初川（1974）は、なかなか根絶はされていないことを記している。既に小野竹之助理工学部長の裏口入学による五〇〇〇万円事件と脱税事件は、日大闘争の前兆事件として本書でも書いたが、これに類する事件は闘争中にも発生している。

初川（1974）は、一九六八（昭和四三）年から一九六九（昭和四四）年にかけて、次のような黒い事件があったと報告している。

一、山梨県山林購入にからむ背任事件

一、芸術学部工事水増し事件

一、千葉県横芝町別荘背任事件
一、栃木県塩原研修会館への疑惑
一、日大両国講堂改装工事のリベート事件
一、伊豆下田ホテル開設事件
一、経済学部校舎建築をめぐる事件
一、生産工学部用地買収事件
一、神奈川県厚木市用地買収事件
一、政治献金と日通事件
一、板橋病院工事にからむ恐喝事件

これらは内部告発文書や警察が察知した不祥事であるが、今となってはそれらがどれだけ正確で、犯罪と呼ぶことができるかどうかという検証は、筆者の能力を越えているので、これ以上言及しない。

むしろ筆者が興味を覚えたのは、古田の死後に日本大学の理事になっていた大谷哲平を、一九七二（昭和四七）年の九月に追放した事件である。誠実な性格の大谷はなんと古田が可愛がった男で、日大闘争後もいくつかの黒いウワサ（特に工事関係の経理に関して）があったところ、大谷はそれを防ぐべく「鬼検事」と呼ばれるほど、正義感に燃えて不正を排除しようとした。しかし、これは「やりすぎだ」として、内部の理事会でも嫌われて、結局は大谷は追放されてしまったことが、初川（1974）に記されている。

建築関係の工事では現代でも「談合」などで不祥事は、いまでも時折耳にする話題である。正義感の強かった大谷は日本大学では生き延びることができなかったのかもしれない。

東大時代の木村秀政

話題がここで変わる。先に述べた古橋広之進を戦争直後の日本大学関係者の中での No.1 有名人とするのに異存はないだろう。戦後かなり時代を経過しての昭和三〇年代から四〇年代にかけてはどうだろう。私は、この時期の日大関係者の No.1 は木村秀政教授（一九〇四（明治三四）年～一九八六（昭和六一）年）であった、と判断している。残念ながら木村は古橋と異なって日本大学出身者ではないが、長い間日本大学で研究・教育を行ったことを考えれば、立派な日本大学「関係者」である。この時期の日大を語る最後に、ぜひ木村について言及したい。木村の人生については木村（1972）が参考になる。

少年時代の木村は絵に画いたような秀才エリートであった。小学校は青山師範附属（現在の筑波大学附属につながっている）、中学校は第四中学（現・東京都立戸山高校）、高校は第一高等学校（現・東大教養学部であり、木村は中学四修で入学という秀才）、大学は東京帝大工学部航空学科である。驚きは同学年の学科学生が八名だったところに、専任の教員は一〇名だったことで、当時の帝国大学がいかに少人数の学生に多くの教授が指導していたエリート教育だったことがわかる。

少年の頃から飛行機には異常な関心を寄せて、青山練兵場に飛来してきたフランス製のプレリオ機を見ていかに感激したかが書かれている。青山練兵場には国産の飛行機二機が並べられており、木村少年は自分も将来は国産機の開発・製造に関与したいと思ったに違いない。一九一三（大正二）年のなんと小学生の頃である。それが高じたのか、中学生の頃は飛行機のスケッチや模型飛行機の製作に熱中した。高校に入っても「ヒコーキ」というニックネームで呼ばれていたほどであったが、若い年齢らしく文学・音楽にも興味を抱いた。

当然のごとく大学は航空学科に進学した。当時の大学教授のとてもこわかったことが自伝に書かれている。むずかしい内容のことを教えるが、先生方は学生にていねいに教えようという意思はほとんどなく、学生が自分で原書を読むなりして自分で学ぶしかなかったそうだ。

この木村の言は、様々な思いを我々教師に与える。東大教授は当時の東大生の優秀さを知っているので、何も手取り足取り教える必要がなく、問題と課題を与えれば十分で、学生自身が自分で学べばよい、と思っていたのであろう。この手法を大学進学率が五〇％を超える時代の大学生に適用するのは無理である。だからこそ今の大学は「シラバスだ」「小試験を何度もやれ」「教授と学生のコミュニケーションをもっと頻繁にして、学生の理解度を確かめよ」などと、具体的な教授法を要求する時代になっている。

卒業時にはエリートらしく、中島飛行機、三菱航空機（三菱重工業の前身）などから誘いを受けるが、大学院に残って研鑽を続けた。その後東大航空研究所に就職して、研究生、技官、助教授、そして終戦時には教授にまで昇進した。

木村の自伝の中でもっとも感動的な話題は、東大航空研究所自体が自分達の設計、製造、飛行を行うという計画を始め、それが飛行時間の世界記録を達成するまでの部分である。昭和九年から昭和一三年までの四年間の記録であった。飛行機の名前は面白くもなく、職場の名前を用いた「航研機」というものであった。

東京大学の航空研究所は、物理部、化学部、材料部、冶金部、風洞部、プロペラ部、飛行機部、発動機部、測気部、航空心理部などに分かれていて、学術的な研究を行なっていた。自分達が設計して飛行機をつくって飛ばすなどという泥まみれの仕事は、大学人には無理と考えられていた。まわりの飛行機メーカーや軍隊関係者はこの試みを冷やかな眼で見ていた。設計・製造の実際面に慣れていない、いわば素人に何ができるか、という象牙の塔にいる人への冷たい反応であった。「航研の先生たちの作った飛行機が地面から離れたら、銀座通りを逆立ちして歩いて見せるよ」という軍人の声がおもしろいし、辛辣である。

五〇万円という高額の試作費を用いての製造は機体メーカーで行われたが、試作機がいざ出来上がると故障だらけであった。整備の責任者になっていた木村は、試作機のパイロットになる予定であった海軍大尉の藤田雄蔵と何度も相談を重ね、改良作業を続けた。

初飛行は昭和一二年五月二五日。成功であった。試験飛行を終えた後の目標は、何日、何時間飛行できるかという記録飛行への挑戦であった。藤田パイロットとは二人で操縦席に乗って浜松までの飛行も行い、試験飛行の際には脚の不都合で胴体着陸の経験もした。

試験飛行の繰り返しと、機体の修繕と改良を重ね、しかも整備を何度も十分に行った。昭和一三年五月一三日に航研機は関東平野の上を二五周もまわり、一万一六五一キロメートルを飛行して、世界記録を一〇〇〇キロメートルも更新したのである。日本の航空機製造は世界に遅れていたが、この世界記録の樹立は日本の技術の大進歩を示すことになり、天皇陛下の拝謁を賜ったほどの快挙であった。なんとかなりの責任の役割を果たした木村は、まだ若干三四歳にすぎなかったし、総責任の東大の先生方もまだ四〇歳に達していなかったのである。

なお木村たちのグループは「A26」というプロジェクトの依頼を戦争前の昭和一五年に受け、それを戦争中に完成させた。これも当時の世界記録を樹立する飛行距離であったが、戦争中だったので公式の記録にはなっていない。

日大時代の木村秀政

敗戦のため日本の航空活動は禁止となった。東大の航空研究所が廃止となり、木村は一九四七（昭和二二）年に日本大学の工学部（現・理工学部）の機械工学科の教授に迎えられた。なぜ日本大学かは、航研時代の同僚だった粟野誠一の口利きだった。移ってきた航空学界のエリートである木村は、日大生に関してとても興味深い印象を述べている。学生の質が二分されているというのだ。すなわち秀才の存在といくら教えてもダメな学生の併存である。そして木村は、確かに秀才は教えがいもあるので歓迎であるが、どちらかといえば劣等生の方が人情深いし、そういう人の方が付き合いやすいという体験を語っている。一高・東大・東大教授という秀才ばかりに接してきた木村ではあったが、そういう人でない人々の存在に気が付いたのは、むしろ遅すぎたかもしれないほどであるが、幸運であったとしておこう。

一九五一（昭和二六）年のサンフランシスコ講和条約で、航空禁止令が解かれ、日本も飛行機の研究、設計・生産に取り組むようになる。木村の日大研究室にも航空に関心を持つ学生が集まり始めていた。

最初はN52という軽飛行機であった。ここでNは日本大学のイニシャル、52は一九五二（昭和二七）年を意味したが、Nを用いること自体は木村が日本大学にコミットを深めようとする意思とも感じられる。これを皮切りに、N58、N62、N70と次々に国産機を作った。一つの大学の研究室が次々と飛行機を作り出すことは、世界の権威ある年鑑『ジェーン年鑑』に記述されるほどの価値があった。

木村は指導者としてこれらの飛行機の開発・製作にあたったが、有名になっていた木村研究室には優秀な学生が集まっており、設計製図や強度計算は学生がほとんど担当するようになったとされている。当時一九五〇年代、六〇年代はまだ大学進学率が一〇%から二〇%台にすぎず、日大を含めて全般に大学生の質は高かったことを強調しておきたい。しかも令名高い木村教授の下には、特によくできる学生が集まったに違いない。

一九五五(昭和三〇)年に木村ははじめて欧米旅行に向かった。各地での日本の航空業界に関する講演と、欧米での進んだ航空機関係の視察であった。そこで新しいエンジンを含んだタービン輸送機に接し、これからはジェット機とターブロップ機の時代になるだろうな、と予感した。アメリカにおいて、ボーイング、ダグラス、ロッキードなどの航空機製造会社が伸びるだろう、と思うようになっていた。

一九五七(昭和三二)年に通産省が国産の中型輸送機の開発を決定し、木村がその設計研究協会の技術委員長に指名された。木村のこれまでの飛行機の設計と製造に貢献してきた業績からして当然の仕事であった。他には堀越二郎(ゼロ(零)戦闘機の開発で有名)、中島飛行機で戦闘機「隼」を開発した太田稔、川西航空機で「紫雲」を開発した菊原静男、川崎航空機で三式戦闘機を設計した土井武夫など五名がいたが、設計の中心は木村であった。機体名はYS11とされた。YとSは輸送機と設計のローマ字の頭文字、11は機体とエンジンがそれぞれ第一号という意味からであった。

日本のこれまでの飛行機は、「ゼロ(零)戦闘機」で象徴されるように軍用機が第一の目的だったのであり、YS11は国内の地方空港からでも離着陸できて、かつ短距離の旅客を運ぶ目的の飛行機として開発が始まったのである。これまでの日本の航空会社はダグラスなどの米国製やイギリスのデ・ハビランドDH114ヘロンなどの外国機メーカーばかりだったので、国産機への期待は大きかった。

官民共同の特殊法人として日本航空機製造（NAMC）が一九五九（昭和三四）年に設立され、ここが中心になって企画を行い、先程の五名（五人のサムライとも呼ばれた）が設計に従事し、実体機の製造は、新三菱重工、川崎航空機、富士重工業など七社が担当した。製造には先程の「五人のサムライ」はほとんど関与せず、各社の技術者が従事したのである。

やがて試作第一号機が一九六二（昭和三七）年の八月三〇日に完成し、愛知県の小牧空港での初飛行の成功となったのである。その後このYS11は振動や騒音といった技術的な問題がいくつか見つかって、実際の就航には三年ほどかかる大改修が必要であった。ようやく日本国内航空が一九六五（昭和四〇）年四月一〇日に東京―徳島―高知間で就航となった。結局一八〇機の生産がなされ、輸出にも成功したのである。

堀越二郎、太田稔などといった戦前の飛行機設計者は主として戦闘機の設計、開発に参加したが、木村の自伝を読むと、ほとんど戦闘機のことが書かれていないのに気が付いた。先程の「五名のサムライ」と称された堀越、太田、菊原静男、土井武夫といった人々は東京大学工学部航空学科の卒業生であり、全員が戦前には民間の航空機会社で戦闘機の設計・開発に携わっていた。ところが木村秀政も彼達と同じ学歴ながら、東大航空研にいたので、戦闘機の設計・開発には従事することなかったのであろう。民間飛行機だけの設計・開発に携わった木村は、幸いだったと言える。

しかし一度だけ自衛隊の次期超音速の戦闘機の選定に際して、アメリカへの調査団（団長は源田実空将）の一員として、ロッキード社にするかグラマン社にするかの調査をすることが、一九五九（昭和三四）年にあったことが記されている。一カ月間カリフォルニアのエドワード空軍基地に滞在して調査を行い、結論は全員一致でロッキード社であった。後の一九七六（昭和五一）年に田中角栄首相が、ロッキード事件で逮捕されるスキャンダル事件のおよそ一七年前のアメリカ視察であった。

YS11に話題を戻すと、東京大学ではなく日本大学の一教授が、国産旅客機の生産第一号の初期の責任であったことに、筆者が二二歳の頃に拍手を送った記憶がある。

実は日本大学と東京大学の間ではいくつかの因縁話がある。日大出身の心臓外科医に天野篤という人物がいる。天野は二〇一二（平成二四）年の二月一八日に、平成天皇（現上皇）の心臓バイパス手術を担当して成功したのである。東大病院の手術室を使いながら、しかもまわりには東大の医師が助手として協力する体制の中で、私立大所属（当時は順天堂大教授）の医師が執刀医を務めたのである。東大の医師は天皇の手術に失敗することを恐れたか、それとも天野医師の手術が見事である、との定評に譲ったのか、興味ある話題は後に詳しく述べる。

日本大学と東京大学は、二大大学闘争の共有、木村秀政教授、天野篤医師と、話題の提供に事欠かない。

第Ⅲ部　現在と特色――日本大学のいまと未来

第6章　日本大学の現在

総長と新学部

日大闘争の成果の一つとして総長の公選制が導入され、鈴木勝総長が四期一二年を務めたことはすでに述べた。それでは、その後は誰がなったのであろうか。氏名と出身学部（すべて日本大学卒である）だけを記してみよう。高梨公之（法）、木下茂徳（工・建築）、瀬在良雄（文・哲学）、小嶋勝衛（工・建築）、酒井健夫（農獣）、大塚吉兵衛（歯）。大塚は総長ではなく学長という呼称になっている。全員が日本大学卒なので、トップは生え抜きという慣習は生きている。なお、出身学部が分散しているのは好ましい傾向だと言えるだろう。なお、理事長も研究者出身が多かったが、現職は事務職出身の田中英壽が二〇〇八（平成一〇）年より務めている。この人物については後に取り上げる。

次は新学部である。九〇年代以降の日本大学が創設した学部を簡単に記述しておこう。これによって時代における学問の世界、社会の関心がよくわかる。

第一に、一九九六（平成八）年に生物資源科学部が新しく誕生した。神奈川藤沢市にキャンパスを持つ農獣医学部を、新しいコンセプトの下で再出発させた学部である。学舎、農場、演習林、動物病院、博物館、いろいろな実習場を擁する複合キャンパスである。「環境科学」「生命科学」「資源生産科学」を三つの柱にする、最近になって人間社会が悩んでいる課題に取り組むべく、最新の学問研究を行なっているというのが売りである。

第二に、二〇一六（平成二八）年に新しく危機管理学部が誕生した。世の中はリスクに満ちているが、それに備えるにはどうすればよいか、すなわち安心・安全を求めるための術を教育・研究する学部である。自然災害、犯罪、交通事故、戦争・テロなどに対処するための施策を学ぶのである。大学のＨＰによると、官庁や自治体の職員や企業におけるキャリアを求める人を対象としている。後に示すことであるが、これまで日本大学の卒業生は警察官になる人が多く、この学部の卒業生は警察、消防などの仕事に従事する人が多いのではないかと予想できる。

現教員のキャリアを調べると、裁判官、検事、行政警察、保険など実務に就いていた人がかなり多く、こういう教授から学ぶ人は、きっとリスク管理の実践に長けた仕事をするのではないか、と期待できる。

第三に、危機管理学部と同じ頃に、かつ同じ場所（東京都世田谷区三軒茶屋）にスポーツ科学部が誕生した。「スポーツの日大」は日本大学自身が、野球場、サッカースタジアム、水泳プールなどのスポーツ施設の場で宣伝用の広告掲示をしているほどである。まさに自分の大学の特色の一つはスポーツにあり、と自他ともに認めていると言える。本書でも「フジヤマのトビウオ」と称された古橋広之進を既に紹介したし、後の章ではスポーツをもっと詳しく論じる。

スポーツ科学部の目的は、一流アスリートの養成、スポーツ指導者の育成、体育教師の養成、スポーツ関係の仕事をする人を育てる、などを標榜している。これまでの日本大学では、スポーツ選手の育成は法・経・文理などの各学部に学生が属しながらなされていた。こういう学生は大学の体育会のクラブで訓練を受けており、それぞれの学部の学問も勉強する必要があった。ところがごく最近に至ってスポーツ科学部に集めて行う、という方針になったのである。

旧来の各学部においても、高校時代にスポーツで一流の実績を残した人には、スポーツ推薦という枠があったが、新しいスポーツ科学部でもその枠はあると思われる。スポーツ推薦は多くの私立大学でとられている策である。しかもかなり多くの私立大学でスポーツ科学部（あるいはスポーツ健康学部）が創設されており、能力の高い高校生のアスリートは、スポーツを売りにしている大学の間で、入学を勧誘する競争には激しいものがあると聞く。

不思議なのは、日本大学のスポーツ科学部の設立が、他の私立大学と比較するとやや遅いことにある。例えば天下の早稲田大学は二〇〇三（平成一五）年に設立している。ついでながらライバルの慶應義塾大学はスポーツ科学部を設立していないし、スポーツ選手を積極的に入学させる策は、他の大学と比較するとそう顕著ではない。

想像するに、日本大学ではスポーツ科学部に多くのアスリートを集めるのではなく、各学部にそういう人は属していてもよく、スポーツ活動は本部の体育会が集中管理しながら、各個別のスポーツの練習・訓練に励む方がより強くなれると思っていた可能性がある。日本大学の各キャンパスはかなり遠隔地に散らばっているので、スポーツの選手が一箇所（野球場やサッカー場など）に集って練習するのは大変だろうと想像できる。しかし、実は多くの大学のスポーツクラブは寮を持っていて、学生は寝食をともにしていたので、練習は容易に行えたのである。むしろ遠隔地にある学舎に授業を受けに行くのが大変だったかもしれない。

田中英壽理事長と加藤直人学長

二〇二〇（令和二）年九月より大塚吉兵衛学長に替わって新しく加藤直人が就任した。東洋史の専門家で文理学部長を経験した学者である。そして理事長職は二〇〇八（平成二〇）年より現在まで田中英壽が在任中である。ここ一〇年ほどの間に日本大学では、トップ職（すなわち総長、学長、理事長）の役割、選定方法に関して大きな変化が発生している。それを記しておこう。

第一に、大塚は学長と称されていたが、それ以前は総長と呼ばれていて、大学のトップとみなされていた。普通は研究者出身の人物がなっていたので、日本大学の歴代トップは学者の就く地位であった。大塚の呼称は以前であれば総長であったが、学長に変更になった意味は大きい。それは地位としては一段格下げであり、むしろ重要なことは理事長が大学のトップとみなされるようになったことである。

第二に、日大闘争以前の総長は大学の理事会が選定していたが、闘争によって民主化が計られて、総長は全教員の選挙によって選ばれるようになっていた。しかし、この選挙による選出は廃止され、大塚学長のときから理事会での選出という方法に再度変更されている。これは学長の選出を教員の意向に任せず、理事会という大学経営組織のトップに選出を任せるようになった、と理解してよい。

第三に、田中理事長は日本大学経済学部卒業ではあるが研究者出身ではない。学生横綱にまでなった相撲の名選手であり、相撲部の指導を行うという事務職の出身である。学内での出世競争に打ち勝って、理事、常務理事、そして理事長になった。これは吉田重二良のキャリアによく似ている。今や日本大学では田中理事長の方が加藤学長よりも地位が高く、権限も上であるとみなしてよいだろう。

日本の私立大学の法令上では、「大学の設置者としての学校法人」と「学校法人が設置する大学」という二つの姿があり、学校法人の責任者を「理事長」、大学の責任者を「学長」と呼んでいる。これを読む限りでは、大学経営自体は理事会の責務なので、理事長の方が日常の大学業務の責任者である学長よりも上である、とみなすのが普通と考えてよい。

現実の私立大学では、早稲田大学、慶應義塾大学、法政大学などでは、一人の総長（塾長）が理事長と学長を兼ねている。筆者の勤務する京都女子大学では、理事長と学長は別人であるし、理事長は事務職出身である。しかも理事長が学長よりも決定権が上である。この形態をとっている私立大学は、東京六大学では明治大学があげられるが、他にも結構あるので、日本大学だけが特別ではない。

なぜ研究者出身者が理事長にならないのか、あるいはなれないのか。これは筆者の考えだが、学者は学問一筋の人が多く、どちらかといえば管理能力に欠けており、大学の経営を任せるには荷が重すぎるとの判断が働いているのではないか。特に大学の生き残りをかけるような大学間の競争が激しい時代になっているので、経営・管理能力に優れた事務職出身者や、企業経営に携わった人物を理事長にするケースが増加しているのである。

一方で事務職出身、あるいは企業経営に関与した人は、経営効率第一の政策を取りがちで、大学における研究・教育の質の向上ということは第二義となることがあり、大学の存在意義の失われる可能性がある。不幸にして大闘争のきっかけの一つになった古田重二良会頭がそうであった。

大学進学率が五〇%を超えた大衆高学歴社会における大学は変革の過程にある。旧制大学時代のようなエリート養成の大学教育を行える時代ではない。筆者の見方は、これだけ大学の数が（教員と学生の双方も同じ）増加すれば、大学も研究中心の大学と教育中心の大学に区別せねばならない方向にある。研究中心の大学であれば管理能力にやや欠けても学者のトップでもやっていけるし、その方が望ましいこともありうるが、教育中心の大学であれば、学者よりも管理能力の高い人、あるいは教育のとても優れた人が望ましいかもしれない。特にFランクの大学（学生数を十分に集められずに潰れる可能性のある大学）であれば特にそうである。

日本大学の現在が研究中心の大学なのか、それとも教育中心の大学なのか、ここではその判断をせずに、それを考えるのに有用となる資料を提出して、読者の参考に資したい。

ごく最近の動向

ごく最近の日本大学がどういう状況にあるかを述べておこう。二〇〇七（平成一九）年に大学はグローバリゼーションに対応できるように、「日本大学の目的および使命」を改めて宣言した。これは百周年記念のときの宣言とほとんど変わりないので、再述はしない。

しかしごく最近になって新しい理念をも提案している。「自主創造」を大学のモットーとして教育にあたると宣言した。学生が「自ら学ぶ」「自ら考える」「自ら道をひらく」ことができるように、大学は教育の場としてそれを提供する機会を設けるという宣言である。これらの理念は至極真っ当なものだろう。

そのための具体的な教育の手段として、「全学共通初年度教育科目（自主創造の基礎）」を各学部で導入しており、これも正当な企画と思われる。高校から大学に入学して、学生は大学で何をしたらよいのかで悩む人が多い。その解決のための指導を行うものである。マンモス大学に入学しただけに、自分を見失う機会がある学生に対して、初年度から卒業まで計画的に教育を施すとの宣言には期待がかかる。

ところが一つの課題が今日の日本大学に浮かび上がった。それは後に述べる「アメフト部悪質タックル事件」後の日本大学理事会の対応を批判して、田中英壽理事長以下の退陣を要求して裁判を起こした動きである。元副総長だった牧野富夫（法学者）を代表として、大学を私物化している経営陣では日本大学は良い方向に進めないとの判断から「新しい日本大学をつくる会」を結成しての抗議運動であった。

あのタックル事件によって大学志望の受験生の数が激減して、日本大学は損害を受けたという危機意識による損害賠償の訴訟でもあったが、その次の年には受験生の数は復活したので、直接の損害に対する批判はやや消滅したとみなしてよい。しかし裁判は今でも続いていて、大学経営の民主化を要求する「つくる会」の動きはストップしていない。

日本大学相撲部出身の田中英壽理事長は、教員出身ではなく事務職出身であることは既に述べたが、民主的な経営から離れて、私物化して本来の大学の目的である教育と研究が疎かになっているというのが「つくる会」の主張である。コロナ禍の進行によって裁判は遅れていると想像できるが、今後の動向には眼を離せない。

入学する学生の学力

日本の大学界は良い意味でも悪い意味でも、偏差値という入学難易度で評価される。予備校などが模擬試験の結果を駆使して、個々の大学の入学難易度を数値化した数字を公表しており、受験生、親、高校教員、大学関係者、企業での採用担当者などが関心を寄せている。

偏差値の良い点は、受験生がこれによって自分の学力ならどの大学を志望すればよいかの参考になることだ。さらにかなり危うい指標であるが、その大学の学生の質の目安にもなる。例えば、企業などはこれを参考にして採用活動を行なっている場合がある。

偏差値の悪い点は、大学は入学した学生に教育を施して、いかに有能な人材に育てるかがもっとも重要な目的であるにもかかわらず、入学の段階にしか注目していないことだ。また、研究の場である大学にとって重要な情報になりうるいかなる教授が在籍しているか、といった研究に関する情報は偏差値と無関係である。さらに、入学難易度をあらわす偏差値は、その大学の卒業生が社会人としてどのような活躍をしているかということとも無関係である。そして最後に、偏差値の計測は様々な技術的な難点を多く抱えていることを指摘しておく必要があるだろう。偏差値には常に疑問符を持ちながら接するべきなのだ。

以上のことを念頭におきながら、日本大学に入学する学生の学力をおおまかに評価してみよう。大学関係者であれば多くの方がご存知だと思うが、受験業界は絶妙な言葉を生み出す。「日東駒専」がそれである。ほかにも関東圏の私立大学に限定すれば、「早慶上智」「MARCH」「成成明学」「大東亜帝国」、関西圏であれば「関関同立」「産近甲龍」「摂神追桃」などがある。これはすべて大学名を偏差値の同じ程度の大学ごとにわけた略称である。「日東駒専」はここで掲載した関東の五グループの内、偏差値の順でいうと第四番目のグループとされる。ちなみに「日東駒専」はそれぞれ、日大、東洋大、駒沢大、専修大である。もとよりこれらの言葉による大学のグループは、個々の大学においてどの学部が優れており、逆にどの学部がそうでないかを判別できない、という欠点がある。したがってかなり曖昧であることを強調しておこう。

朝日新聞出版『大学ランキング2021』を調べてみよう。文科系の代表として社会科学（法、経、商）に注目すると、日本大学は法、経、商の偏差値が五二・五となっている。この偏差値と同じグループに東洋大、駒沢大、専修大がいるので、「日東駒専」というグループわけは大きな間違いではない。なお社会科学においてはおよそ五〇〇の大学・学部が掲載されており、日本大学は一〇〇番目あたりの位置にいる。日本全体で評価すれば上位五分の一に入る大学なので、高位の学生の学力とみなせるだろう。

理科系の代表として（理、工、理工、農、水産）に注目すると、日大理工学部が五〇・〇でありかなり高いが、生産工学部（習志野市）や工学部（郡山市）はそれよりもかなり低い。同じ日本大学の理科系であっても、学部によって偏差値がかなり異なる。日本の全大学で評価すれば、理工学部はおよそ二〇〇の大学・学部のうち、日大理工学部は五〇位あたりなので、これも社会科学と同様に上位四分の一にいる高位である。しかし、同じ大学であっても生産工学部と工学部は全体の大学では中位あたりにいる。

以上をまとめると次のようになる。日大を日本の大学全体で評価すれば、文科系は入学する学生の学力は上位にあるとみなしてよい。しかし関東圏に注目すれば、早慶上智やMARCH（明治、青山、立教、中央、法政）よりは下位にある。理科系に関しては、理工学部はかなり高いが他の工科系学部はかなり低く、繰り返すが同じ大学内でも似た工学系には学部間に学力差がある。

なお、医学部だけは他のどの学部よりも偏差値（六五・〇）が高く、かなり学力の高い学生が医学部に入学している。しかも私立大医学部のトップである慶應義塾大学と比較して遜色はない。しかし、医学部は他の学部よりもはるかに高い学力の学生が、国立、私立を問わずどの総合大学でも入学しているのであり、日本大学だけが例外ではない。

日本大学の特質

ここで現在における日本大学の特質をいくつかまとめておきたい。

学部生の数がおよそ六万七〇〇〇人という日本一のマンモス大学であることは衆知の事実である。ちなみに第二位の学生数は早稲田大のおよそ四万人なので、約一・七倍の大きさである。第三位は近畿大の三万三〇〇〇人、第四位は立命館大の三万二〇〇〇人、第五位は明治大の三万一〇〇〇人である。なぜ日本大学が大規模大学を目指していたかについては、すでに本書で歴史的な経緯をふまえ論じたのでここでは繰り返さない。

学部の数は創立からの伝統を誇る法学部を含めて全部で一六（二〇二一年五月現在）ある。学問のほぼ全分野を網羅している。最新の学部は既に紹介した生物資源科学部、危機管理学部、スポーツ科学部である。ユニークな学部は芸術学部であり、後に詳しく紹介する。なおこれら一六学部のほとんどに大学院研究科が設置されており、旧制大学であっただけに博士号を出せる学術志向の大学であると言える。本書では大学院に関しては多くを語らない。

第二に、もう一つの重要な特質としてこれまでも述べてきたが、日本大学の学部キャンパスは東京を中心にして関東各地に散らばっていることがあげられる。いわゆる「タコ足大学」である。当然のことながら大学本部が全学部・キャンパスを管理する体制にあるが、一つの学部、あるいは一つのキャンパス自体が、中規模の単科大学ほどの規模（学生数、教員数、面積など）を誇っているので、管理の方法には様々の課題が発生しうることは否定できない。大企業の経営においても、事業部制のように各事業部に独自の経営を任せる分権方式か、それとも企業本部が集権管理を行う方式かの違いがある。もとより大学経営と企業経営は同次元で分析できないし議論できないが、集権か分権かは、大組織の経営にとって重要な課題である。

組織が大きくなりすぎると、末端までうまく管理できない。そこで究極の選択としては分権化という方法がある。日本大学に即して言えば、各学部（あるいはいくつかの学部が複数で）が独立して単科大学のようになるという方法である。しかし、こうした試みをすることはまずないであろうと思われる。その理由は、確かにマンモス大学の弊害はあるが、卒業生の数の多いことは社会に出てから有形無形のメリットがあるからだ。たとえば、私学の雄・慶應義塾大学の三田会（卒業生の同窓組織）では、会員のネットワークを活かして、特にビジネスの分野で種々のメリットを卒業生が享受している。日本大学の校友会（卒業生の同窓会組織）は一〇〇万人を超しており、組織がうまく機能すればこうした大きなネットワークは非常に価値があるといえるだろう。よく知られているように、慶應三田会は活発な活動を展開している。この巨大な日大のネットワークが慶應三田会のように有効に機能するかどうかは、校友会の今後の活動にかかっているとも言える。

むしろ日本大学にとっては、現在の経営形態を保持したまま、各学部に自主性をもっと与えて、それぞれの学部においてマンモス大学の弊害をできるだけ小さくするのが、もっとも現実的に採用されうる方法と思われる。既に各学部の大きさが中堅の単科大学ほどの規模に達しているので、各学部がそれぞれ独自の政策の発動によって、質の高い研究・教育体制に導くことができるだろう。

そのためには、各学部の執行部が自分の学部でどのような政策を施せば、研究と教育の質を高めることができるかを立案し、さらに、その実行に裁量権を与えることが肝心である。研究に関しては、どういう方策（給料、研究費、教育負担など）を施せば研究能力の高い人をリクルートできて、その人々が質の高い研究成果を出せるための環境整備を行うのである。

教育に関しては、少人数教育（例えばゼミナールや実験・実習の重要）がマンモス大学の弊害を是正するのにもっとも効果があると考える。しかし、現教員数だけでそれを達成するのは過重な負担が現教員にかかるので困難であろう。ゆえに、そのためには教員の数を増やすことがまず求められる。もしそれが可能ならよいが、不可能なら次の策がある。それは教員を研究中心の人と教育中心の人に区分して、前者の人には教育負担を削減して研究に励んでもらい、後者の人には教育負担の増加を納得してもらうという方法である。研究中心の人は全員のうち二〜三割程度、教育中心の人は七〜八割程度の比率であろうか。

誰がその認定を行うかが問題であるが、私見を述べておこう。まずは本人の意向は尊重、同意を必要とすることはもちろんながら、かなりの程度は第三者の判定に依存せねばならないと思われる。何年か（例えば六〜七年）の研究業績を吟味することによって、その人の将来の研究能力はある程度の予測が可能である。実際にアメリカの大学では博士号取得後の若手教員を六〜七年間採用して、その間の研究実績を見ながらその人の研究能力を査定している。しかも、その査定をクリアした人にはテニュアを与えて雇用を続けられるが、その査定に通らない人は、その大学を去らねばならないのである。この制度はテニュア制度としてアメリカでは定着している。

日本の大学においてこのような解雇を含む厳格な選別はできないであろうから、せいぜい研究型と教育型の区別しかできないであろう。ここで重要なことは、教育中心の人を冷遇してはならない、という点にある。平均的に教えるコマ数は教育中心の人にとってはかなり増加するであろうが、ここでは研究型の人が教育型の人より上とはみなさない。平均賃金は研究中心の人も教育中心の人も差はないようにする必要がある。むしろ、研究中心の人においてもとても優れた研究業績を示した人とそうでない人の間で賃金などの処遇差が生じてもよいし、教育中心の人においてもとても良い教育をした人とそうでない人の間で処遇差は生じてもよいのである。

第三に、日本大学はスポーツに強いことがあげられる。スポーツ競技場の看板などにおいて「スポーツの日大」という広告を出しているほどなので、日大側にもスポーツの強さを宣伝したい意図があると理解できる。こうした強みをアピールすることは、学生を集めることが私立大学の宿命であることを考えると、別に違和感はない。日本には体育大学が存在するので、人々の間で大学においてスポーツを専攻することに、抵抗感はないとみなしてよい。日大とスポーツについては第7章でよりくわしく確認したい。

ここで、スポーツに優れた人を積極的に入学させることによって、各学部の教育現場で問題を発生させることがある、という点は付け加えておきたい。それはそうした学生がどうしてもスポーツ競技やその練習に時間を奪われるために、学業との両立、より具体的に言えば単位修得が順調にいかないことがままあるためだ。この事実は、日米の大学において、スポーツ活動の盛んな大学における共通の問題である。具体的に言えば、法、経、商、工などの普通の学部において、スポーツ中心の選手の教育に困難が生じるのである。私的な例を記して恐縮であるが、アメリカの名門スタンフォード大学で経済学を教えたとき、将来プロのテニスプレーヤー、野球選手やアメフト選手になりそうなスポーツで入学した学生の学力は、かなりダメだった経験が筆者にはある。

ついでながら逸話を述べておこう。筆者の担当していた科目の受講生にテニス選手がいた。彼の試験成績はまともに評価すれば不合格であった。スタンフォードのような名門大学でも「一芸入試」をやっているのである。そこで学科長に相談に行くと、彼はウィンクで返答したのである。その意味を理解して彼を合格にした。

もう一つは受講生の中に、その後デンバー・ブロンコスでアメフトチームのクォーター・バックになった、全米中で有名選手とされたジョン・エルウェイがいた。これほどすごい人を教えたのは筆者の誇りであるが、彼の名誉のために付言すれば、優秀な成績ではなかったが先ほどのテニス選手ほど悪くはなかった。

スポーツと学業の両立という課題に応える策はある。日本大学でも最近はスポーツ科学部ができたように、スポーツ関連の科目（理論にせよ実習にせよ）を中心にした教育を行うことだ。スポーツ関連の科目であれば、こうした学生も比較的単位を修得しやすいのではないだろうか。現時点では運動部に属する日本大学の学生は、かなりの数の学生が法、経、商、工、国際関係、文理などに属している。スポーツと学業の両立がなかなかうまくいかない学生を今後はスポーツ科学部により集めていく、という策はありえるかもしれないだろう。

第四に、日本大学は女子学生の比率が低いことがあげられる。表6―1は関東の主要私立大学における女子学生の比率と女子学生数を示したものである。この表では「早慶上智」「MARCH」「日東駒専」などのように受験生の関心が高い主要な大学を取り上げ、単科大学、女子大学や学生数の少ない大学は考慮の対象外にしたことを付言しておく。

表6-1　関東の主要私立大学における女子学生比率

順位	大学名	女子学生比率%	女子学生数
1	明治学院大	62.1	7,432
2	上智大	61.0	7,603
3	成城大	54.5	3,104
4	立教大	54.2	10,512
5	青山学院大	50.2	9,175
6	成蹊大	44.3	3,283
7	東洋大	43.5	11,887
8	駒沢大	39.4	5,592
9	中央大	38.3	9,521
10	法政大	38.2	11,005
11	早稲田大	37.5	14,841
12	慶應義塾大	37.0	10,585
13	専修大	36.2	6,120
14	明治大	35.0	10,690
15	日本大	31.8	21,227

注：「早慶上智」「MARCH」「成成明学」「日東駒専」という関東の主要私立大学
出所：朝日新聞出版『大学ランキング2021』

この表によると、日本大学は参照大学一五の中では残念なことに最下位である。ちなみに、日本大学より低い大学は、拓殖大（三〇・六％）、神奈川大（二九・五％）、東海大（二七・五％）などである。ちなみに国立大も考慮すれば東大（一九・三％）は極めて低い数字である。

この表において女子学生比率の高い大学の特質を述べれば、キリスト教系の大学、いわゆる雰囲気として上品なイメージ、あるいは洋風でしゃれている大学、理工系の学生の比率が小さい大学、偏差値が格別に高くない大学（それは私立大学における早慶両大学との比較において）などとなろうか。

日本大学を評価すれば、ここで述べた点に該当しない点が浮かび上がる。すなわち、キリスト教系ではない、どちらかといえば男性の多い野暮なイメージの雰囲気がある、理工系の学生比率が高い、ということになろうか。女子比率の低い早慶両大学と日本大学は女子比率でほぼ同じ水準なので、日大に関しては偏差値からの理由は指摘できない。日本大学に特有な点を挙げれば、体育会・応援団系の強いイメージがあるし、相撲、ボクシングなどに強いので、男臭くて硬骨大学ではないかと思われて、女子の志願者が少ないのかもしれない。

第五に、日本大学は付属高校が二六校もあり、付属校出身の内部進学者の数がとても多いことがあげられる。内部進学者が多いのには様々な効果がある。付属校からの進学者には、受験勉強をしなくても進学できるケースがあるので、入試を経た入学生よりも学力の低い入学生がいることが考えられる。しかし一方で、大学側からすると入試だけでは判断できない、むしろ大学に進学後に伸びる学生がいることもあるだろう。いずれにしても、いわば内部進学の学生は入試を経た均質な学生ということではないので、期待できる点と期待外れの点という両面がある。

大学側からすると、内部進学者が多いことは学生集めの苦労を和らげられるメリットがある。しかも高校（時には中学からも含めて）、大学が日本大学であれば、長い間同じ校風の中にいるので、母校愛が高まる可能性がある。

研究で日本大学を評価すると

大学の存在意義のもう一つは、教育に加えて当然のことながら研究である。朝日新聞出版『大学ランキング2021』は、種々の指標を用いて個々の大学の研究水準を示している。

まずは各大学から発表されている研究論文（二〇一五〜二〇一九年）の数である。これは論文の質は問わずに、在籍の研究者が学術誌に公表している論文の総計である。これによると日本大学は一八位の七五〇七の論文数でかなりの上位である。私立大学に注目すると、第一〇位の慶應義塾大（二万六四九八）、第一三位の早稲田大（二万二〇三七）、第一七位の東京理科大（七五四六）に次いでの第四位なので、これは誇ってよいランクである。

ただし論文数は各大学に在籍する研究者の数にも比例することは言うまでもないことだ。日本大学の研究者数は日本一なので、ここでの結果は割り引く必要はあるかもしれない。しかし、研究論文を出しているという意味では日本大学の研究水準は高く評価してよいと思われる。

ちなみにトップは東京大の六万二七三、第二位は京都大の三万八七一八、第三位は大阪大の三万二九四六なので、比較的小規模である国立大の方が私立大よりも、研究論文を多く発表していることがわかる。

日本大学が誇って良い指標が、総被引用論文数とトップ一〇%補正論文数である。これも二〇一五~二〇一九年の合計である。引用される論文とは、研究者が論文を書くときに参考にした論文のことを意味するので、インパクトのある論文として価値があるとみなしてよい。

総被引用論文数は、私立大学で第九位の三万一〇二六なので、とても高い位置である。日本大学より上位の私立大学には、順天堂大、産業医科大、東京女子医大などの医科大学のように医学論文の多い大学が登場しているので、総合大学の中で評価すれば九位よりも高くなる。

ちなみにトップは国立大の東大の四九万九三九四であり、非常にインパクトの高い論文を非常に多く発表している。第二位の京大も三二万九八五七と、ここでも国立大が強い。

次はトップ一〇%補正論文数である。トップ一〇%補正論文とは、質で評価して世界でトップ10%内に入る論文がいくらあるかの数字である。つまり高品質の論文をどれだけ発表しているかという指標になるものである。表6—2が示すように日本大学は五六三点の第二四位である。私立大学の中では慶應義塾大、早稲田大、東京理科大に次いで第四位なので、質の高い論文を出しているといえる。

ついでながらトップは東京大の七三九三、第二は京大の四五九九なので、ここでも国立大学の上位大学が圧倒的な優位にいる。

日本大学は最高の学術誌である『ネイチャー』誌に四点、『サイエンス』誌に四点、二〇一〇~二〇一九年の間に論文が掲載されている。こうした、非常に質の高い論文をトップレベルの学術誌に出していることは付言しておきたい。ちなみに国立大の東大は『ネイチャー』誌に一九九、

『サイエンス』誌に二〇七、京大は『ネイチャー』誌に一〇〇、『サイエンス』誌に一〇六なので、ここでも国立大が優位にある。

なお在籍研究者数の違いを知るために、国立大のトップである東大と京大の例を示しておこう。東大の助教以上の教員数は三八一七名、京大のそれは二六八五名なので、在籍者の違いを考慮す

表 6-2　掲載論文（2018 ～ 2019 年）トップ 10％論文数

順位	大学	件
1	東京大	7,393
2	京都大	4,599
3	大阪大	3,519
4	東北大	3,191
5	名古屋大	2,798
6	九州大	2,674
7	東京工業大	2,258
8	北海道大	2,075
9	筑波大	1,915
10	慶應義塾大	1,655
11	神戸大	1,373
12	早稲田大	1,359
13	広島大	1,230
14	岡山大	1,126
15	千葉大	1,075
16	信州大	809
17	東京都立大	739
18	東京医科歯科大	712
19	金沢大	676
20	熊本大	641
21	横浜市立大	640
22	東京理科大	568
23	新潟大	567
24	日本大	563
25	長崎大	552
26	近畿大	539
27	総合研究大学院大	518
28	順天堂大	498
29	自治医科大	475
30	大阪市立大	456

出所：朝日新聞出版『大学ランキング 2021』

ると、東大と京大の研究水準は一人当たりに換算すると確かに東大が上位にくるが、それほど大きな違いはないということになる。

研究という側面からみた日本大学の特徴をまとめると次のようになる。研究発表数と質を考慮したものに関して、私立大学の中ではかなりの上位にいるので、日本大学の研究水準はかなり高いと結論づけてよい。しかし、一方でこれは一部の優秀な研究者が発表している成果に依存しているのであり、数多くいる日本大学の教員全員の成果ではないとも言える。ただし優秀な研究者とそうでない研究者の併存はどの大学においても見られることである。質の高い研究を行なっている教員に、いかにもっと優れた成果を出してもらえるようにするかは、研究中心と教育中心の教員に区別してよい、という自説に通じている。

やや余談であるが、なぜ国立大の方が私立大よりも研究で優位に立っているのか、一般論としてここでまとめてみよう。表6—2が示すように、トップ一〇%の良質論文を発表しているのは、圧倒的に国立大(特に旧制七帝国大学)に多く、私立大の影は薄い。私立大で名前の登場している名門大学と地方国立大学がほぼ同じ順位にいるので、ここでも国立大が健闘しているのである。

なぜ国立大が優位なのか、箇条書きにしておこう。第一に、研究施設の充実度や研究支援を行う人々に恵まれている。これは文部科学省が国立大(特に大学院大学)に多額の資金を提供していることによる。こういう大学は文科省の科学研究費の資金や外部資金を多く受領している。第二に、教育の義務(例えば教育において数えるコマ数など)が私立大と比較して少ない傾向にあるので、教育負担が少なくて研究により多くの時間を使える。ごく平均的には国立大学では教員のコマ数は週に三〜五であるのに対して、私立大学では五〜一〇なので、その違いがわかってもらえよう。さらに、一教室あたりの受講生の学生数にもかなりの差があり、負担感は国立大よりも私立大の方が強い。第三に、国立大は優秀な大学院生を抱えているので、研究補助として役割を果たしており、研究室としての研究成果が高まる。第四に、以上のことが知れわたると、研究指向の強い人が国立大学に集まる傾向がある。

これらのことがわかると、私立大学が研究で水準を上げるのは容易なことではないように思われる。私立大学にもっと研究資金を提供してほしいと国家に要望したいところである。文部科学省による科学研究費支給の選定は、ある程度の成果主義に立脚しているので、研究業績の低い人はなかなか科学研究費が受けられない、というジレンマにいる。

私立大が研究上で質を上げる策は、既に述べたことの繰り返しになるが、次のような策である。一部の研究に優れた教員に格別の厚遇（研究費、少ない教育負担、給料など）を施して、それらの人の研究業績のアップに期待するという案である。

内生率について

大学の教員になる人のうち自校出身者を内生者と称することがある。伝統的な歴史のある大学ほど内生率が高く、設立後まだ日が浅い大学は他大学出身者に頼らざるをえない。日本の大学における自校出身比率を表6―3によって確認しておこう。

ここは法学部で文科系を代表させよう。旧帝大の代表校である東大と京大がダントツの一位と二位である。これらの大学では、しばらく前までの法学部では学部時代の成績優秀者を、大学院教育を受けさせることもなく、いきなり助手（今の助教）に採用して後継者にする制度だった。次いで私立大の創価大、早稲田大、同志社大、日本大などが続く。日本大学の始まりは法学教育だったのであり、法学の老舗大学なのでさすがに内生率は高いが、それでも半分以下の三八・五％なので、教員の過半数は他大学出身者である。

次に表では示していないが、理工学部に注目してみよう。これも法学部と同じで、東大と京大が第一位と第二位であり、次いで東京工大、東北大という旧制大学だった国立大が続く。日本大は理工学部の五七・三％、生産工学部の四九・七％と私立大学の中ではトップであり、私立大の老舗である早稲田大や慶應義塾大よりも上というのは印象深い。

内生率について筆者の見解を述べておこう。内生率の高いことは確かに大学の伝統を誇れる指標になりうるが、新しい血を入れるというのは組織の活性化に貢献する。そのことを伝統的な古い大学（東大、京大、早慶など）も気づいていて、従来は一〇〇％に近い内生率だったところを、徐々に優秀な外部の血を入れつつある。アメリカの名門大学では、自校出身者と他校出身者の二人の候補者の研究能力が同じであれば、自校出身者を避けて他校出身者を採用する傾向にある。

表 6-3　教員の自校出身者の比率（法学部）

順位	大学（学部）	%
1	東京大（法）	87.4
2	京都大（法）	77.3
3	創価大（法）	51.2
4	早稲田大（法）	49.3
5	同志社大（法）	43.5
6	日本大（法）	38.5
7	一橋大（法）	37.3
8	中央大（法）	33.3
9	北海道大（法）	32.4
10	名古屋大（法）	26.9
11	津田塾大（総合政策）	26.7
12	明治大（法）	26.4
13	大阪大（法）	25.3
14	慶應義塾大（法）	24.6
15	慶應義塾大（総合政策）	24.5
16	立命館大（法）	21.3
17	立命館大（政策科学）	20.8
18	新潟大（法）	20.5
19	大阪市立大（法）	18.2
20	東北大（法）	17.5

出所：朝日新聞出版『大学ランキング 2021』

自校出身者の大切なこともよく理解できる。内部事情に詳しいし、母校愛もあるだろうから、教育や大学改革にきっと熱心になるだろうと期待できる。日本大学関係者にヒアリングすると、各学部で六〜七割の教員を自校出身者で固めたい意向のようである。筆者の見方は半々位の比率が最適と思われる。そして自校出身者に関しても、大学院を終えてすぐに自校で採用するのではなく、他校でしばらく勤務している間に武者修行をしてもらって、優れた研究業績を挙げた人を呼び戻すという案が最適ではないかと思っている。なぜならば他大学での経験が役立つからである。

卒業生の活躍振り

日本大学の卒業生の活躍振りに関しては、「日本一の社長輩出数を誇る」ということがまず頭に浮かぶ。企業において働き振りの素晴しさによって、昇進を重ねて社長にまでなるというキャリアの見事さである。換言すれば、ビジネスの世界で実力を発揮する人がとても多いのである。「日本一の社長輩出数」について、卒業生の数が多ければ、当然のごとく社長の数も多くなるだろうということは、誰でも思いあたる。そこで規模の大きさで調整して、社長輩出率を計算してみた。表6―4がそれである。具体的には、社長数を分子、在籍学生数を分母にして、それを仮に「社長輩出率」として示したものである。

この数字には実はいろいろな難点のあることは、筆者自身がよく知っている。例えば、第一に、社長になる年齢は四〇歳以上の人が多いだろうから、今の社長になった人が大学で学んでいた当時の学生数を分母にする方が、より正確に「輩出率」と見なせる。第二に、これに関してであるが、より正確性を期するためには、卒業生のうちビジネスの世界に入った人を分母にすべきである。他の世界に進む人は企業とは無縁である。極端な例は、東大のように官僚、法曹界、学者などになる人の多い大学では、ビジネスに進む人は他の大学より相対的に少ないのである。

ここで列挙した問題点はよくわかるが、これらに応じた統計を準備するのは至難な業であることは理解してもらえよう。そこで第一次接近として、分母に現在の在籍学生数を取ることにした。

表6-4　社長輩出率

順位	大学名	社長数	在籍学生数	輩出率	地域
1	慶應義塾大	10721	28643	0.374	東
2	日本大	21814	66741	0.327	東
3	中央大	7967	24873	0.320	東
4	明治大	8605	30526	0.282	東
5	東京大	3940	14058	0.280	東
6	早稲田大	10472	39573	0.265	東
7	法政大	6305	28843	0.219	東
8	専修大	3547	16929	0.210	東
9	東海大	5725	27638	0.207	東
10	青山学院大	3608	18077	0.200	東
11	同志社大	4977	26686	0.187	西
12	立教大	3539	19380	0.185	東
13	近畿大	5904	32661	0.181	西
14	関西大	3913	28648	0.137	西
15	立命館大	3539	32338	0.105	西

出所：朝日新聞出版『大学ランキング2021』の社長数を分子にして、分母に在籍学生数を用いて、筆者が計算したものである。

従ってここでいう「輩出率」は決して理想的な数字ではなく、かなり大まかな数字であると認識していただきたいが、考慮に値しないほど意味のないものではないとしておこう。ある程度は規模による調整がなされているとみなして議論を進める。

この表から得られる情報は次の通りである。第一に、確かに世に知られているように、日本大学の社長輩出数は二万一八一四名で第一位である。しかも第二位の慶應義塾大の一万四七二名の二倍以上であり、絶対数で評価してダントツである。経済人として成功している人の数が非常に多いのである。

第二に、第一のことよりも価値の

あることは、「輩出率」で評価すると、日本大学は慶應義塾大の〇・三七四に次いで、〇・三二七という第二位の位置にいる。卒業生（ここでは在校生）の数で調整しても、第二位というのは誇りにしてよい数字である。しかもビジネスの世界で最強とされる慶應義塾大にそう見劣りしない輩出率であるのは強調されてよい。

第三に、「輩出率」の高い大学は、第三位の中央大の〇・三二〇、第四位の明治大が〇・二八二、第五位は東大の〇・二八〇、第六位は早稲田大の〇・二六五、第七位は法政大の〇・二一九であり、東京六大学を中心にした東京圏の大学において経済人としての成功者を相対的に多く輩出している。大学難易度で評価されている MARCH と称される大学が上位にランクされているが、日本大学を含めると MARCH ではなく MNRCH と変更されてもよいほどである。

やや蛇足であるが、関西地区で「関関同立」と称される大学は、東京地区の大学と比較するとやや下位にある。「輩出率」の順位では同志社が第一一位、関西大が第一四位、立命館大が第一五位と、やや下位にある。関東の大学出身者の方が関西の大学出身者よりもビジネス志向が強くて、企業活動に熱心に励むのかもしれない。興味ある話題ではあるが本題から離れるので、指摘だけにとどめておこう。

日本大学を経済人になる人の側面からまとめてみよう。創設者の福沢諭吉の伝統により、実学を教是として企業経営者を多く輩出している「経済界の慶應」に次ぐ活躍振りなので、日本大学はビジネスの世界で業績を上げる人が多い大学なのである。

ただしいくつかの留保もある。第一に、社長職というのは、親の経営者という立場を世襲するケースがかなりある。本人の実力と努力によって勝ち取ったのではなく、特に中小企業を中心にして世襲がある。こうしたことから考えると、社長職という指標は本人の実力と努力に無関係の部分もあるかもしれない。ただし「経済界の慶應」にも世襲が多いので、ここでの留保は何も日本大学だけに該当することではない。

第二に、企業の中でも上場企業に限定すると、今や慶應義塾大は東大を追い越して、社長輩出数がNo.1の大学になっている。決してケチをつけるつもりはないが、日本大学の卒業生が上場企業の社長になっている例は慶應義塾大より少なく、その点で日本大学と慶應義塾大の間には差がある。もっとも日本大学の学生が上場企業に就職する数は慶應義塾大より数は少なく、本稿で話題にした「輩出率」で評価すると、どうなるかは不明である。

警察官・消防官と俳優、映画監督

次に日本大学の卒業生の就く職業に関して、その特色を物語っているのが表6―5である。まずは警察官と消防官である。前者において第二位、後者において第五位なので、公務員として身を挺して安心を保証する仕事に就く人が多い。ここに列挙した大学の特色は、体育・スポーツに強い大学（すなわち身体能力が高い）、バンカラ色が強い（すなわち男臭い大学）といえようか。さらに正義感の強い人が多い、ともいえようか。

俳優、映画監督（映画賞、ドラマ賞などを受賞、一九七〇―二〇一九年）の輩出数に関しては、日本大学は七二名の第三位である。のちほど「日藝」と称される日本大学芸術学部を取り上げるが、日本大学は高名な芸能人を多く輩出しており、ここでも俳優と映画監督で良い仕事をした人の多いことがわかる。このトップテンにあるすべての大学が東京にあり、様々な特色を有した大学が並んでいる。最後に東京大が第一〇位にいるのは予想外で、特筆に値する。

有名な卒業生――河本敏夫と天野篤

芸術学部の卒業生とスポーツ選手は後の章で取り上げるとして、ここではそれら以外の人で日本大学の卒業生として超有名な人を紹介しておこう。

まずは、政治家、経営者として河本敏夫（一九一一（明治四四）年―二〇〇一（平成一三）年）である。日本大学卒業生で最初の首相の座になると期待された人であったし、経営者としても名の知られた人である。河本の人生については中村（1982）から知り得た。

河本は兵庫県で生まれ、旧制姫路高校に優秀な成績で入学するも、反戦運動にコミットして退学させられた。この事実からも河本には左翼思想とまでは言わないが、リベラルな思想の持主であった。

表 6-5　警察官と消防官、俳優、映画監督の輩出大学

順位	警察官	人数	消防官	人数	俳優、映画監督	人数
1	国士舘大	151	国士舘大	94	早稲田大	135
2	日本大	129	帝京平成大	57	明治大	86
3	帝京大	81	日本体育大	51	日本大	72
4	日本文化大	75	帝京大	48	青山学院大	48
5	東海大	78	日本大	39	中央大	48
6	近畿大	65	大阪体育大	29	成城大	36
7	福岡大	64	中京大	28	多摩美大	32
8	東洋大	62	中部大	28	亜細亜大	30
9	日本体育大	61	東海大	27	慶應義塾大	24
10	東北学院大	60	京都橘大	24	東京大	22

出所：朝日新聞出版『大学ランキング 2021』

退学後は様々な職を経験して食いつないだが、やはり学校に行かなくてはダメと日本大学法文学部に入学する。一九三四（昭和九）年に三光海運（後の三光汽船）という企業を在学中に立ち上げたので、経営者を目指したし、その能力は持っていたと思われる。どういう事業かといえば、船荷の仲介業務や自ら船舶を運航して、日中貿易などに携わっていた。三光汽船は戦後も船舶業務や造船業で繁栄し、海運業界では一匹狼のような企業として名を知られた。ところが石油ショックの影響を受けて経営が行き詰まり、結局は一九八五（昭和六〇）年に倒産した。実質的なオーナーでありながら、当時の河本は国会議員としても活躍しており、この倒産が河本の政治生命にとっては痛手となったのである。

河本は戦後の一九四九（昭和二四）年に地元から衆議院選挙に立ち、連続一七回の当選を果たして自民党の有力議員になった。通産大臣、経企庁長官な

どを経験している。当時の自民党は派閥政治の渦中にあり、河本は三木武夫の派閥にいた。三木もリベラルな思想の持主だったので、二人は同志という間柄だったし、三木の後継者は河本であった。三木派の解散後は河本派を立ち上げた。

河本は何度か自民党総裁選に立候補したが落選をしていた。一九八二（昭和五七）年の総裁選では有力候補となりそうであった。そのときは日本大学校友会（卒業生の組織）が河本首相実現のために「河本敏夫桜門後援会」を結成して、卒業生が日本大学出身の首相を出すという悲願達成のため、予備選挙での投票獲得運動を積極的に行うだろう、と吉田（1981）に記述がある。結果は中曽根康弘が第一位で河本は第二位であった。予備選挙で中曽根が過半数を獲得したので、河本をはじめ他の候補は本選を辞退した。もし本選があれば、河本の実績と集金能力（当時の自民党の総裁選挙はお札が飛び交った時代であった）であれば、総裁・首相になったかもしれなかった。

その後三光汽船の経営が怪しくなって、河本の政治生命も断たれかねない時があったが、一九八九（平成元）年の総裁選は河本に好機が再び訪れた。しかし河本は自派の海部俊樹に譲り、自己の立候補を辞したのである。

もう一人、ぜひ紹介したいのは、心臓外科医の天野篤（一九五五（昭和三〇）年～）である。現上皇（平成天皇当時）の心臓バイパス手術の執刀医として成功した名の知られた人である。第4章で天野は日本大と東京大の関係を語ったときに既に登場した。天皇の手術は通常東京大の教授が担当するところ、天野は順天堂大の教授だったし出身も日本大の医学部という私立大学の人なので、特にその名前が有名となったのである。天野の手術の腕がとても優れていたので、天下の東大の医者も彼に譲ったのである。

天野は埼玉県浦和高校という名門校の出身なので、学力は高かったと思われるが、彼の言によると遊びほうけて勉強をせず、日本大学の医学部に三浪して入学したのである。当時の医学部は現在ほどの偏差値が高い時代ではなかった。当時は一浪は当たり前の時代だったし、二浪も珍しくなかったが、さすがの三浪は珍しかった。彼は入学試験には苦労した。これも本人の弁であるが、日大医学部生は東大、慶應、東京医科歯科、順天堂などの有名校と比較すると、就職先という病院探しは苦労したとのことである。

しかし彼の学生時代と病院時代の研鑽、アメリカでの心臓手術の体験が実を結んで、心臓外科手術の分野では成功率のとても高い名医としての評判が定着したのである。そして、ついに医学の名門、順天堂大医学部の教授に就任したのである。天野の経歴と実績を知るにつけ、医師の世界は決して医学の学識だけではなく、手先の器用さ、体力、勇気、患者を思いやる心の温かさ、なども重要である、と痛感する。上皇の手術場であった学力秀才の並み居る東大附属病院の医師を選ばず、私立大出の天野を執刀医に選んだのは、画期的なことであったし、正解であった。もし東大出の医者が指名されたなら、その人は失敗を恐れて辞退したかもしれない。

第7章　スポーツの日本大学

戦前のスポーツ

　これまでも述べてきた通り、いまや日本大学の大きな特色のひとつにスポーツがある。しかし、設立当初の時期の日本大学は夜学の学校だったので、学生は昼間に仕事に就いていることが多く、運動やスポーツに時間を割く余裕はなかった。従って昔はスポーツに関してはさほど成果はなかった。

　大学が昼間部中心になると、学生に時間的余裕ができたし、他校では早慶戦などの野球で代表されるように、スポーツ競技が盛んになりつつあった。日本大学で教授、学監であった川口義久が日本大学でも運動競技をすべし、と学生に発破をかけていた。

　この川口義久（一八七九（明治一二）年—一九四五（昭和二〇）年）はここで記しておく価値のある人物である。日本大学を卒業後アメリカに渡り、オハイオ州立大学で修士、エール大学で法学博士号を受領した。既に紹介したように、日本大学は第三代目総長だった山岡萬之助のように、優秀な卒業生を外国の大学に留学させる政策をとっており、川口もその一人であったと想定できる。

川口については『政治家人名事典明治〜昭和』で知ることができる。当時は政治家や行政職に就きながら兼職として大学教授に就くことは可能だったので、川口は衆議院議員を五期も務めている。ただし大臣などを経験した様子はなく、むしろ自身が経営する製糸会社の社長や銀行の取締役というビジネスの世界に身をおいており、また、日本大学の学長も務めるなど多才な人物であった。

『日本大学のあゆみⅢ』では川口の言葉として、「日本大学の学生も早稲田・慶應の野球、商大（現・一橋大）のテニス、帝大（東京帝大）のボートのように、新聞を賑わすようなスポーツで活躍してほしい」と記されている。

これに応えて学生は運動・スポーツに関心を寄せるが、輸入あるいは洋ものスポーツ（野球、テニス、ボートなど）ではなく、日本精神を標榜する日本大学らしく、大正時代においては相撲、剣道、柔道といった和流スポーツが主流であったのは興味深い。ただし日本大学で最初に創設されたのは、一九〇五（明治三八）年における端艇部（ボート部）であった。

戦後のスポーツ

日本大学卒業生としてもっとも有名な人の一人である「フジヤマのトビウオ（古橋広之進）」は、戦争直後の水泳選手として日本の希望の星だったことは既に述べた。水泳部といえば、木原光知子と岩崎恭子という女性のスイマーが日本大学水泳部で歴史に残る人である。木原は一九六七（昭和四二）年のメキシコプレオリンピックの一〇〇メートル自由形で金メダルを獲得した。中年になってもマスターズ大会などで優勝しており、競泳生活は長かった。さらにタレントとしても活躍した。もう一人の岩崎は、なんと一四歳という中学生のときに出場した一九九二（平成四）年のバルセロナオリンピックの二〇〇メートル平泳ぎで金メダルを獲得した。「今まで生きてきた中で、一番幸せです」という彼女の言葉は有名である。日本大学文理学部に進学したが、あまりにも若い年代で好成績を得てしまったのか、その後の伸びはなく二〇歳で現役を終えた。

水泳に勝るとも劣らないのが、卓球の荻村伊智朗と田中利明の二人である。二人は一九五四（昭和二九）年から一九五七（昭和三二）年までの世界卓球選手権の男子シングルスの優勝を二人で二度ずつ果たしたのである。二人で合わせると四年連続ということになる。この二人の活躍もあり、一九五六（昭和三一）年の世界選手権東京大会で、男子団体、男子ダブルスとシングルス、女子シングルスという四冠を獲得し、日本が卓球で最強の国であることを示し、日本中が沸いたのである。

ここでは世界卓球連盟会長を歴任し、「ピンポン外交」としても名の知られた荻村（一九三二（昭和七）年―一九九四（平成六）年）を、城島（2011）に拠りながら記しておこう。

荻村は進学校である東京都立西高校で学び、卓球は高校一年生のときから始めた。大学は東京都立大学に進学したが、日本大学芸術学部に転学して卓球に本格的に取り組んだ。大学選手権でも大活躍したし、その後は世界一の地位を日本大学の後輩である田中とともに得たのである。

現役引退後は日本卓球協会の常任理事となり、後進の指導と卓球界のマネージメントの仕事に就いた。「ピンポン外交」とは、一九七一（昭和四六）年に荻村達の努力で中国を世界卓球選手権の名古屋大会に復帰させることから始まった。その前年に荻村達は中国を訪問して、毛沢東主席に会っている。それを機にして、中国が欧米の卓球選手を同国に招いたりして、米中間の緊張が緩和することとなった。その後はキッシンジャー大統領補佐官の極秘の訪中交渉を経て、ニクソン大統領の訪中があって米中間の国交が回復したのである。ベトナム戦争終結のきっかけにもなった。このような一連の外交が、ピンポンを契機にして行われたので、「ピンポン外交」と呼ばれるのである。

ここで日本大学出身のマラソン選手で、忘れられている人物を紹介しておこう。『日本大学百年史』（第三巻の三六四ページ）に二行だけ触れられている田中茂樹である。彼については河野（1984）に拠った。一九五一（昭和二六）年のボストンマラソンにおいて、日本人として世界記録を出して、初めて優勝した人である。戦後に落ち込んでいた日本人の間で、明るい話題として日本では大喝采があったし、広島出身なのでアメリカでは「一九歳の原爆少年」として報道された。卓球の荻村・田中の活躍した年に先立つ田中茂樹の快挙である。日本大学出身の偉大なるスポーツ選手として、田中茂樹もぜひ記憶してほしい人物である。

次は一九六〇年代である。一九六〇（昭和三五）年にはローマ・オリンピック、そして一九六

表7-1　オリンピック東京大会（1964年）における日本大学関係入賞者

競技種目	選手
【優勝（金メダル）】 体操・団体総合（男子） 体操・個人総合 体操・つり輪 体操・平行棒 レスリング・フリー・フライ級	 遠藤幸雄・早田卓次 遠藤幸雄 早田卓次 遠藤幸雄 吉田義勝
【2位（銀メダル）】 体操・床運動	 遠藤幸雄
【3位（銅メダル）】 レスリング・フリー・ライト級 バレーボール・男子	 堀内岩雄 佐藤安孝
【4位】 水泳・200m背泳 水泳・400mリレー	 福島滋雄 後藤忠治
【5位】 水泳・400mメドレーリレー 体操・鉄棒 レスリング・フリー・ミドル級	 福島滋雄・中島功・石川健二 遠藤幸雄 佐々木龍雄
【6位】 体操・つり輪 体操・跳馬	 遠藤幸雄 遠藤幸雄

出所：『日本大学のあゆみⅢ』

四（昭和三九）年には東京オリンピックが開催された。『日本大学のあゆみⅢ』ではローマ大会と東京大会で日本大学関係者の出場者名簿が記載されており、四五名の名前が挙がっている。その中で入賞者のリストを表7―1で示しておこう。

もっとも優れた成績を出したのは体操の遠藤幸雄である。以前には小野喬といった優秀な体操選手がいたが、男子個人の総合で金メダルを惜しくも獲得できなかった。遠藤は東京オリンピックで団体総合と個人総合の双方で金メダルを獲得する。

遠藤は実は日本大学出身では

ない。秋田県出身の遠藤は同県人の小野喬が進学した国立大の東京教育大学に進んで、体操で有名な同大学で修業に励んだのである。遠藤は卒業後日本大学に就職し、体操選手としては小野よりも大きな成績を残したのである。その後、日本大学の文理学部で体育教授として体操や体育を教えた。古橋広之進も同じく文理学部の教授であったことを思い起こしてほしい。スポーツの世界ですごい戦績を残した人を、日本大学は体育教師として採用する伝統がある。

日大闘争後のスポーツ——個人競技に強い日本大学

日大闘争以前は日本大学のスポーツ活動は体育会の管理の下にあったが、この体育会が闘争後に廃止されることとなった。理由には二つある。

第一に、日大闘争中において、大学当局側に常に寄り添って、闘争学生の行うデモやバリケード封鎖への抵抗勢力として行動していたこと。体育会に属する応援団も同じであった。こうした体育会の行動が社会やマスコミからも批判され、大学当局はこれの廃止に追い込まれた。これについては第4章で既に論じた点である。

第二は、大学当局が表明している理由であるが、各スポーツの競技場が体育会系の運動部に独占され、一般学生の利用や体育の授業用としての利用が大きく制限されていた点への反省である。体育会は保健体育審議会という名称になり、運動部員の練習の場であった競技場なども表向きは一般学生も利用できるようになった。

日大闘争後も各運動部は顕著な活躍を示し続けた。それを示す一覧が『日本大学百年史』の第三巻に詳しく掲載されているので、それを引用しておこう。この表は、一年間に全日本学生選手権や関東学生リーグ等、何らかの団体優勝を果たしているのを一回と数え、一九七〇（昭和四五）年から一九七九（昭和五四）年までの一〇年間にわたるその合計を示したものである。

馬術部・軟式庭球部・弓道部・アメリカンフットボール部・自転車部——九回
端艇部・相撲部・スキー部・スケート部・フェンシング部・ゴルフ部——八回
水泳部——七回
軟式野球部・体操部・射撃部——六回
卓球部・ボクシング部・空手部・ヨット部・バスケットボール部——五回

この表を見たときの筆者の強い印象は、日本大学は個人競技に強くて、団体（チーム）競技はそれほど強くない、というものである。合計二〇種のスポーツ競技のうち、団体（あるいはチーム）競技は、アメリカンフットボール部、端艇部（これには一人競技もあるが）、軟式野球部、バスケットボール部のわずか四種にすぎず、残り一六種は個人競技である。

もとよりスポーツでは個人競技の方が団体（チーム）競技より数は多い。しかしここで代表的な団体（チーム）競技であるバレーボール、フィールドホッケー、アイスホッケー、硬式野球、サッカー、ラグビー、ハンドボール、ソフトボールなどの記載のないことを強調したい。特に日本人が好みとするバレーボール、硬式野球、サッカー、ラグビーなどがそう好成績を残していないことに注目したい。なお陸上競技は数多くの個人種目があるので、ここでは考慮外としておく。

さらに個人競技（すなわち相撲、卓球、ボクシングなどのように選手一人ひとりの勝負で決める）であっても、一団体（チーム）から五名なり何名かの競技者を出して、それぞれ個人が戦ってから、勝利者の多い団体を勝者とする団体（チーム）競技もある。従って個人競技と団体（チーム）競技の両方の性格を有する競技もあるが、これらはあくまでも一人対一人の競技が基本なので、これらはさしあたって個人競技とみなすこと可能である。それは野球と相撲を比較すればわかりやすい。野球は一チーム九人の競技であり、一人対一人の勝負は投手対打者での個人間の勝負であるが、最終的にはチーム対チームの勝負である。相撲はあくまでも一人対一人の勝負で決する。

日本大学スポーツの伝統はこのように一人対一人の勝負で決まる種目に強いことがわかったが、その後昭和末期と平成初期の時代において新しく強くなった種目として、柔道部、レスリング部などが挙げられている。

ここで日本大学に在籍したスポーツ選手の中で、個人競技として傑出した成績を残している人物を何人か記しておこう。

輪島大士

まずは相撲であれば、輪島大士である。石川県出身の輪島は日本大学入学後、一九六八（昭和四三）年と一九六九年の二年連続で学生横綱となり無類の強さを誇った。卒業後は大相撲の世界に入ったが、部屋は花籠部屋であった。大学の相撲部合宿所と花籠部屋は隣り合わせだったので、大学相撲部の人々は花籠部屋の力士と稽古をすることができるメリットはあったであろう。大相撲の世界でも強さを発揮して一九七三（昭和四八）年の夏場所では優勝して横綱となった。これまでのプロ大相撲の世界では、中学校卒業後に角界に入って各部屋で修業を重ねてから一人前の力士、そして強ければ横綱になるのが常道であったが、輪島は角界で最初の学士横綱になったのである。元大関の先代貴ノ花とは良きライバルであったが、先代・貴ノ花はここで述べた角界の常道の道を歩んだ力士であった。なお息子の貴乃花も同じく中学卒の角界常道の道を歩み、横綱まで昇進した。

ここで現在、大学卒の力士がどれだけいるか見てみたい。橘木・齋藤（2012）によると、大学卒の大相撲力士はとても多い。どのような大学かといえば、日本大、日本体育大、東京農大、近畿大などが多い。ところが横綱まで昇進したのは輪島が現時点では唯一である。相撲部屋では旧来の新弟子方式であれば部屋にいる強い力士の訓練を受けることができるが、大学の相撲部であれば輪島のようにとてつもなく強い相撲取りはさほど多くいないので、強い力士との稽古の場が限られているからであろう。

話題を輪島に戻すと、北の湖というライバル力士の登場を迎えて、輪湖時代とも称されたこともある活躍をした。しかしそれも長続きせずに引退に追い込まれた。角界の慣例に従い花籠部屋を継承する予定であったが、輪島にまつわる種々の不祥事が明るみに出て、角界を離れねばならなくなった。そして、なんと輪島は三八歳という年齢でプロレス業界に入ったのである。

倉本昌弘、丸山茂樹

日本大学は「ゴルフ王国日大」の別名があるほど、ゴルフが強い大学として有名である。同大学のゴルフクラブのＨＰを見ると、例年四〜一〇名ほどのプロゴルファーを生んでいるし、合計二〇〇名ほどのプロゴルファーが卒業生としているので、それこそゴルフ界の名門大学である。日本大学は東京近辺の各地にキャンパスが点在しているので、スポーツの練習は大変だろうと想像するかもしれないが、ゴルフクラブの在籍者の多くが静岡県三島市の国際関係学部で学んでいる。学生寮も三島にあるので、三島市付近のゴルフ場で皆と一緒に練習しているのであろう。

ここで一つの仮説が提案できる。ゴルフに関心の強い、特にゴルフに素質のあることを示していた高校生は、大学の進学先として「ゴルフ王国日大」生が多く学んでいる三島の国際関係学部への進学を希望するだろう。大学側もその希望に応えるべく、一芸入試などの推薦入学の手段を用いて、これらのプロゴルファー予備軍の入学を認めている、という仮説である。

著名ゴルファーのうち、倉本昌弘と丸山茂樹の二人を紹介しよう。「日本ゴルファー機構によるプロフィール」紹介で二人の経歴はわかる。倉本昌弘は広島県の崇徳高校から一九七四（昭和四九）年入学であり、学生時代には四年連続日本学生ゴルフ選手権の優勝という偉業を達成しているし、その他にもアマチュア選手権などで優勝をしている。当時はゴルフ界ではアマチュアとプロの選手の間には大きな実力差があったとされ、倉本はプロテスト試験に不合格という経験もしている。

プロ転向後の試合振りは見事なもので、新人として賞金ランク二位という活躍を示した。当時のプロゴルフ界は、青木功、尾崎将司、中島常幸の三名の頭文字をとって「AON」時代だったが、倉本がこの三人に挑む姿が人気を呼んだのである。その後、倉本は日本ツアーで三〇回の優勝をしている。外国でのツアーに関しては、一九八二（昭和五七）年の「全米オープン」では日本人としては最高位である四位にもなった。日本を代表するプロゴルファーの一人になったのである。

ついでながら二〇二一（令和三）年のアメリカ・マスターズで松山英樹が優勝し、日本人男性によるアメリカのゴルフ・メジャーで初めての優勝であった。ちなみに松山は日大卒ではなく、仙台の東北福祉大学卒である。両大学は今ではゴルフのライバル校である。

特に筆者が強調したいのは、大相撲の輪島と同様に、倉本が大学出身として初の第一級のプロゴルファーになったことである。この経歴が活かされて、アメリカ挑戦で得た知識を参考にしながら、日本のゴルフ界の改革に熱心となり、ジャパンゴルフツアー選手会の会長を務めた。さらに日本プロゴルフ協会の会長にもなっている。まさに倉本は日本を代表するプロゴルファーであるし、ゴルフ界の発展に貢献した人物と言えるだろう。

丸山茂樹は倉本より一四歳若いプロゴルファーである。一家はゴルフ愛好家であり、丸山は小さい頃からゴルフの腕を磨き、アマチュアゴルフでは既に名を知られる存在だった。そして日本大学経済学部に進学する。大学在学中に二度も日本学生ゴルフ選手権で優勝する。倉本の四度には及ばないが、学生時代から素晴しい成績を示していた。倉本と異なり、丸山は一発でプロ試験をパスする。

国内のプロツアーでは一〇度の優勝、「全米オープン」では四位タイに入ったこともある。丸山はアメリカのＰＧＡツアーに積極的に参戦した。

本人は親しみやすい印象で、性格も明るく、「マルちゃん」の愛称と呼ばれるゴルフ界の人気者である。いずれは先輩・倉本のようなゴルフ界の指導者としてその経験を生かすのではないかと予感させる人物である。

アメリカンフットボール（フェニックス）と篠竹幹夫監督

それほど強くない団体（チーム）競技の中で、アメフト（ここからはアメリカンフットボールを略称のアメフトで通す）だけは日本大学では超有名な運動部である。過去の戦績には素晴らしいものがあることと、ごく最近になって世間を騒がせた「悪質タックル事件」により、日大アメフト部は日本大学スポーツにおいてもっとも高い関心の寄せられる運動部となった。ここはチームの戦績と名将・篠竹監督の話題だけに絞り、タックル事件はその後に述べる。

文字通りアメフトはアメリカで誕生したスポーツであり、攻撃時と守備時の選手がほとんど全員入れ替わり、肉弾戦を含むハードな競技である。日本大学アメフト部のHPを見ると、創設が一九四〇（昭和一五）年、すなわち戦争直前である。これは日本大学の他の運動部と比較すると新しい部類に入る。大学アメフト界における西のライバル・関西学院大学も創設が一九四一（昭和一六）年なので、この頃に日本で導入されたスポーツとみなせる。

愛称・フェニックスで親しまれる日大アメフト部のHPによると、ゴルフ部と似たような印象を持つことができる。クラブに属する学生の多くは文理学部（世田谷区）で学んでいる。文理学部のある地域に練習場があることと関係しているだろう。またクラブに属する学生は中野区にある寮で生活している。このように、学・住・練習場が近隣の場所にあることは、時間の節約になる。アメフト部員にとっては効率的な練習ができる環境と言えるだろう。ゴルフ部のところで述べたように、日本大学でアメフト部に入部したい学生は文理学部を志望するし、大学側も身体能力の高い学生を一芸入試などの推薦制で入学させているケースがあるだろう。

フェニックスの戦績は日本大学の運動部を代表するように、素晴しいものがあった。関東大学リーグでは三四回も優勝しているし、ライスボール（大学日本一と実業団日本一のチームでの戦い）に四回（一九八五、八九、九〇、九一）、甲子園ボール（東西のNo.1の大学チームの戦い）に二一回も優勝しているのである。ただしその全盛期は一九八〇年代と九〇年代の初期にあり、一九九〇年代の後半と二一世紀に入ると、やや弱くなった歴史がある。関東大学リーグにおいても、最近では法政大や早稲田大が台頭して強くなっており、日本大の独壇場ではなく、この三大学は三強と考えてよい。

しかしごく最近の二〇一七（平成二九）年に甲子園ボールで勝利したので復活の兆しは見られた。しかし後に述べる二〇一八（平成三〇）年五月六日に起きた「悪質タックル事件」でクラブは競技を自粛したので、練習をしておらず、復活にはやや時間を要するだろう。まとめると、日大アメフト部の黄金時代は一九七〇年代、八〇年代、九〇年代初期だったのである。

ではなぜ日本大学フェニックスはこれほどまでに強い時代があったのであろうか。いろいろな仮説が考えられる。まず第一に、『日本大学百年史』の強調していることであるが、一九五九（昭和三四）年より長い間監督を務めた篠竹幹夫・文理学部教授の強力な指導力にあった。ご本人も母校で学んだときにアメフト部の名選手であったし、その後同部のコーチ・監督の職にあり、二〇〇三（平成一五）年に定年となるまで指揮をとった。

篠竹監督は厳格な指導者として有名で、スパルタ式の訓練と練習を課したとされるが、試合や練習以外のときには細かい心遣いをする人だったとされる。学生への指導に徹するために、学生と一緒に寮に泊まり住んでいたのであり、しかも独身を貫いてアメフトに捧げた人生であった。こういう人格の人であれば、学生のアメフト部員も監督を慕い、その指導に従ったのではないだろうか。特に筆者が驚いたのは、篠竹監督は詩を綴る人だったということである。身体能力をきたえるスポーツという分野において、こうした文学的素養は、また別の刺激を部員たちに与えたのではないかと思われる。篠竹監督の人望や信頼はこうしたところにも起因するものかもしれない。

この篠竹監督はショット・ガン方式という当時では珍しい新しい戦術を積極的に取り入れた。これはパスやランを主導するQB（クオーターバック）が七〜八メートル下がっておいてから、プレーを始める戦術で、フェニックスはこれを得意としたのである。この戦術が強さのひとつの要因であった。

第二に、一九七〇年代から八〇年代にかけてはアメフトはまだメジャーな大学スポーツではなかったので、他のチームが弱かった可能性も無視できない。野球やラグビーなどに身体能力の高い学生の眼が向いていたのであり、日大フェニックスの名声だけが身体能力の優れた学生を集めることができたのである。こう述べる一つの理由は、関西地区の大学では関西学院大学が圧倒的に強かったのであり、日大と関学は同じ理由でもって優れた運動能力を持った学生を集められたと考えられる。現にこの両大学は東西の大学を代表する強豪チームである期間が長く、お互いのライバル意識も強かった。

悪質タックル事件

これまで何度か触れてきたが、日本大学アメフト部フェニックスは、二〇一八（平成三〇）年五月六日に大きな社会問題を起こした。伝統の関西学院大学アメフト部ファイターズとの定期戦において、フェニックスのディフェンスの選手が相手のクオーターバック（QB）の選手に意図的な反則タックルを犯し、負傷させてしまった事件であった。この事件の経緯についてはまだまとまった書物はないが、事件後に新聞、テレビ、ネット上で報道され続けた。筆者もそうした報道に依拠して以下を記すことにする。

もともとQBに対するレイトタックル（遅いタックル）は危険な行為として競技上でも反則であった。今回は、日大の内田正人監督などの指導者から反則の指令があったとされ、選手がそれに従って意図的にレイトタックルを犯して負傷をさせてしまった、という事件であった。関西学院側はこのような危険な行為に抗議したし、日本大学側も関学の選手や大学関係者に対して謝罪を行った。

マスコミがこの事件を取り上げると、大きな社会問題となる。日大でレイトタックルを行った選手は「試合に出たいなら相手のQBを潰せ」と監督やコーチから指示を受け、レイトタックルを行ったと発言した。一方の監督は「潰せ」とは、何も相手を負傷させるまで倒せということを意味していないし、そもそも「潰せ」という指示も行っていない、と述べて選手と監督の間で主張に乖離が生じた。ところがマスコミは選手側に立ち、監督や大学側を非難する声が高まる。結局は内田監督は騒動の責任を取るべくその地位を辞任することを自ら申し出た。大学当局は監督の大学での常務理事というナンバー2の地位を剥奪し、最後は懲戒免職の処分まで下したのである。この処分を下すトップの地位にいたのが、田中英壽理事長であった。この理事長は既に本書で登場したが、後に再び登場する。

解雇された内田正人はその後解雇は不当として裁判所に訴えた。警察当局はこのレイトタックル事件の関係者をいろいろヒアリングして調査した結果、検察に対して選手へのレイトタックルを指示したとするには証拠不十分という報告をした。結局は不起訴処分となり、本人と大学に和解を勧めた結果、懲戒解雇ではなく、退職という結論で結着したのである。

なお日大フェニックスでレイトタックルをした選手は名誉を回復して、再びチーム内で選手として活躍し、卒業後は社会人チームの富士通で選手生活を続けることとなった。

紛争中とその後のアメフトチームはしばらく自粛をしていたが、関東学生アメフト連盟で再活動が認められ、試合を行うようになった。監督も日大関係者ではない橋詰功（立命館大出身）を公募で採用して、練習や試合をリスタートしている。あれだけの大騒動だっただけに、再び関東の大学でトップになるには、しばらく時間が必要であろう。

硬式野球部

日本での団体（チーム）競技でもっとも人気の高い硬式野球についても一言述べておく必要がある。戦前に日本大学の野球部は、当時人気のあった今の東京六大学野球連盟に加入を希望したが、当時の日本の法律学がフランス、イギリス、ドイツなどをモデルとした法律学において大学間で対立のあったことも災いして、結局は加入できなかったことは既に述べた。

一九三一（昭和六）年に中央大、専修大、国学院大、東京農大、日本大の五大学で発足した連盟でリーグ戦を開始し、その後一九三六（昭和一一）年に東京商大（現・一橋大）を加えて東都大学野球連盟としてスタートした。現在は加入大学も増加して、四部制になった大世帯である。野球部についてはHPに詳しい記載がある。東都大学リーグの一部に在籍した時期が圧倒的に長く、優勝も一部の時代にかなり経験している。しかし一部の最下位、そして二部に降格した時代もあり、野球部がものすごく強いチームであるとは結論できない。

野球の練習場は生産工学部のある千葉県習志野市にあり、合宿所もその近辺にある。もっとも注意を引くのは、野球部選手の学ぶ学部に関しては必ずしも生産工学部が多いわけではないという点だ。法学、経済、商、文理、スポーツ科学などと散らばっており、ゴルフ部の国際関係学部、アメフト部の文理学部のように、一つの学部に部員がゴルフ部やアメフト部のように集っている感はない。そうするとたとえ合宿所と練習場が接近しているとはいっても、ゴルフ部やアメフト部のような一体感が多少欠けるかもしれない。しかも生産工学部で学ばない学生は、学ぶのに遠くのキャンパスに行かざるをえず、練習にも多少の支障はあるかもしれない。

日本大学野球部は東都大学リーグで有力な大学であることは確実であるが、東京六大学や関西大学リーグに属している大学のような強さや華やかさがあるとは言えない。

野球部に関して言えば、なぜ日本大学は強豪校ではないのだろうか。日本大学のスポーツは個人競技に強く、団体（チーム）競技にそう強くないと述べたが、その象徴が日本でもっとも人気の高い野球において、日大に象徴されているかもしれない。いろいろな理由を独断と偏見で述べてみよう。

第一に、高校時代の野球で実力を示した選手は、大学に進学するなら東京六大学や関西大学リーグを希望するであろう、と予測されることがある。もとよりトップクラスは高校卒業と同時にプロ野球に行く可能性がある。誰でも有名な野球部でプレーしたいだろうし、その後の就職先もプロ野球、実業団を問わずそういう大学に在籍した方が有利であろう。

第二に、最近の大学野球界は関東、関西以外の地域の大学が優秀な選手を集めている傾向にあるように思われることがあげられる。例えば東北福祉大（宮城県仙台市）、富士大（岩手県花巻市）、八戸学院大（青森県八戸市）、中京学院大（岐阜県中津川市）、広島経済大学などが優秀な高校野球選手を優遇して集めて、プロ野球界に卒業生を送り込んでいる。くわしくは橘木（2019）を参照いただきたい。こうした事例が増えれば、東都大学を希望する人材が減る可能性があることは言うまでもない。

第三に、日本大学当局が野球をもっとも重要なスポーツ種目としてみておらず、従って格別に優秀な高校選手をスカウトする意欲に欠けている可能性があるかもしれない。そのことは野球場や寮の設備、あるいは監督やコーチの採用、用具の提供などにも現れている可能性もあるだろう。

ただし卒業生としてはユニークなプロ野球選手を輩出しているので、何名かを紹介しておこう。まずは宮田征典（巨人）である。日本大学時代は東都大学リーグで主戦投手として活躍し、優勝に貢献し、最高殊勲選手にも輝いた。四年生のときには主将も務めた。

巨人では先発投手として働いたが、心臓の病気を患い、救援投手に転向した。巨人のV9時代に「八時半の男」として抑え投手として登板した選手であったことは、多くの方の記憶にあるのではないだろうか。日本の野球界においてリリーフ専門の投手の草分けである。

出身は群馬県立前橋高校という県下随一の進学校であり、頭脳プレーで多才な変化球を投げて打者を打ち取る救援投手として成功したのかもしれない。ちなみに日本大学芸術学部の紹介で俳優の小林桂樹を取り上げたが、二人は高校の同窓生である。宮田は現役引退後も巨人を含めたチームで投手コーチとして、いい選手を多く育てた。

次は阪神タイガースにいた和田豊である。筆者が橘木（2020）で阪神を論じたほどの大ファンなので是非とも紹介した選手である。千葉県の我孫子高校から日本大学に進学して野球部に入った。打率〇・三二六、四本塁打、二二打点、そして守備（遊撃手）もうまく、日大では活躍した。阪神に入団後も遊撃手（後期には二塁手）となり、プロ野球選手としては小柄なので、ヒットも短打（しかも右への流し打ちで有名であった）が多く、かつ犠打を必ず成功させる地味な選手であった。個人的な話で恐縮であるが、筆者は少年時代に草野球の選手であり、「流しのタチバナキ」と呼ばれていたので、右流し打ちの和田選手にはとても親近感を覚えていた。

阪神引退後はコーチ、監督の地位に就いた。野村克也監督時代の阪神の暗黒時代をコーチ・監督として引き継いだので、監督としての優勝の経験はない。しかし一度だけ二位（二〇一四（平成二六）年）になったときがあり、クライマックスシリーズで勝利して日本シリーズで福岡ソフトバンク・ホークスに敗れた。なお、巨人の宮田投手と阪神の和田内野手は橘木（2020）で相当詳しく紹介した。

もう一人、和田豊のように一つのチームでキャリアをまっとうしたように、まったく同じキャリア（すなわち日本大学からヤクルトに入団し、最後は監督）という人がいる。それは真中満である。日本大学時代は外野手で打率〇・三〇〇、八本塁打、四一打点という活躍で優勝の経験もしている。大学野球でも和田と同様に優れた選手であった。

ヤクルトではセンターからライトの外野手レギュラーの位置を確保したが、それほど長期間にわたってのレギュラーではなく、最後は「代打の切り札」として活躍した。

引退後はすぐにヤクルトのコーチとなり、二〇一四（平成二六）年には監督となった。そしてなんと監督初年度にセリーグで優勝という離れ業を成し遂げた。特にその前年度、ヤクルトは最下位だったので、選手の入れ替えはそれほどない一年後の優勝であり、真中の監督としての能力を物語っている。しかし二〇一七（平成二九）年にはヤクルトの成績は九六敗という最悪のシーズンとなり、監督を辞した。

ラグビー部

団体（チーム）競技として人気の高いラグビーについて一言述べておこう。関東大学ラグビーは、対抗戦グループとリーグ戦グループに分かれている。対抗戦グループには早稲田、慶應、明治、筑波などのラグビー伝統校が属しており、当初はリーグ戦グループは人気と実力で対抗戦グループにやや劣っていた。日本大学ラグビー部（ハリケーンズの愛称）はリーグ戦グループに属しているので、野球部と同じ立場にいて、優秀な選手を集めるのに少しハンディを背負っていた。

ところがリーグ戦グループに属する法政大、大東文化大、関東学院大、東海大などのラグビー部が強くなり、全国大会でもこれらの大学が好成績を残すようになる。実力が認知されるにつれ、リーグ戦グループの人気や地位は高まった。日本大学もこのお蔭を受けて、優秀な選手が入部してきたし、リーグ戦内での切磋琢磨の効果によって強くなったのである。

とはいえ一部リーグの中ではここ十数年は六位前後の成績が続き、強豪チームとはいえなかった。ところが二〇一九(令和元)年には二位に入り、全国大会でも準々決勝まで進んで、大学ラグビー界に「日大ハリケーンズあり」を知らしめる地位にまで到達したのである。

ところがである。同じ年に部員が大麻所持で逮捕されるという事件、二〇二〇(令和二)年になってからヘッドコーチが未成年部員に飲酒を強要したり、暴行事件を起こした事件が明るみに出た(朝日新聞二〇二〇年八月五日号)。学内における内部報告書はこのヘッドコーチの不祥事を事実と認定し、令和二年三月にヘッドコーチは辞任したのである。不可解なのは、事件の責任を取っての辞任ではなく、本人が家族の介護に従事するため、という表向きの理由しか明かされていない。

日本大学はアメフト部での「悪質タックル事件」の反省の下、保健体育審議会がスポーツ部を管理していたのを、日本大学競技スポーツ部の管理に移して、学長の管理を強化して競技部の改革を目指していた矢先に今回の二つの事件であった。

この不祥事がラグビー部の今後にどう影響するのか不透明ではあるが、せっかく強くなりそうな気配を感じるラグビー部なので残念である。

個人競技の戦績

日本で人気の高い団体（チーム）競技において、日本大学がどういう位置にいたかを述べた。次は個人競技である。これらについては各運動部のＨＰに詳しく報告されているので、それらを参考にして興味を引く点をここに記しておきたい。

まずは国民的英雄・古橋広之進を生んだ水泳部である。日本大学の水泳部は確かに強く、大学選手権では三六回の優勝をしているし、多くのオリンピック選手を輩出している。しかしごく最近の戦績に限ると、必ずしもトップではなく、他の大学出身者（東洋大、日本体育大、早稲田大、明治大など）もオリンピック選手の候補がいるので、群雄割拠の時代にいるようだ。しかし、池江璃花子というスーパースターが日大水泳部に入部したので、再びその名声を高めそうである。彼女は白血病という難病とたたかった末に復活し、今は第一線にいる。

水泳部の部員がどの学部で学んでいるかを調べると、一年生にはスポーツ科学部が数人いるが、多くは文理、法、経などの旧来の学部に属している。もっとも池江がスポーツ科学部で学んでいるので、彼女に続く人が増えるかもしれない。

次はボクシング部である。この部は昔から強く、全日本大学王座決定戦では一一連覇を含む二九回の優勝を誇る強豪である。監督の言によると、合宿所での生活における厳しい練習の成果が表れているとの見方である。伝統があるだけに実力のある高校生をスカウトできることも、強さの一つの理由に思える。全日本大学選手の団体（チーム）競技で勝てるのも、ボクシングは一対一の競技なので、個人として優れた選手がボクシング部に集まっていることの証左だろう。さらに厳しい練習を行えばその強さは明らかである。

荻村伊智朗、田中利明という世界選手権の優勝者二人を輩出した卓球部を一言述べておこう。日大卓球部のHPでは、七〇年ほど前に在籍したこの二人の大スターを誇りにしてはいるが、現代においては昔ほどの好成績を上げていない。全日本卓球選手権では、個人のシングルスで三回戦か四回戦までは進んでいるが、それ以上の成績は残していないので、第一線級の活躍とまでは言えないかもしれない。

しかし希望はあった。現在男子の世界ランキングで三〜五位にいる張本智和（一九歳）は、日本大学高等学校を卒業したので、将来は日本大学に進学する可能性があった。ただし卓球界のトップクラスは必ずしも大学に進学せずに、世界の舞台で活躍する人が結構いることだ。結果的に張本もそういうキャリアを選択した。他の代表例は女子の福原愛で、早稲田大のスポーツ科学部に進学したが、中退して選手生活に特化した。

最後は相撲部である。横綱・輪島を生んだ相撲部は、日本大学が個人競技の強さを誇る象徴とみなしてよい。同部のHPによると、全国学生選手権で二九回の優勝というから、非常に強い運動部である。大学選手権には個人戦と団体戦があるが、すべての取組が一人対一人で行われるので、団体戦で勝利するのも基本は個人勝負の積み重ねである。二九回も団体戦で優勝するには、多くの個人の学生力士が強くあらねばならない。なお日大相撲部出身でプロ大相撲力士になった人は、一時期日本体育大学に越されたこともあったが、今は幕内力士になったのは三五名を超えており、最大の幕内力士輩出大学である。

学生横綱を二度経験した人が、現理事長の中田英壽である。中田は輪島のように大相撲の世界には入らず、日本大学の職員となって後輩の相撲指導にあたったことは第6章でも述べた。日大相撲部員がどの学部で学んでいるかを調べると、法、経、商などに分散しているが、スポーツ科学部の在籍者と文理学部の体育科に属している人が多いので、相撲部員は体育専攻の人が多いとみなしてよいようだ。

二〇一九年度の戦績、まとめ

直近の日本大学スポーツの戦績を評価しておこう。『大学ランキング2021年度版』は、二〇一九（令和元）年における各種大学スポーツの（五六種類）の戦績を、大学選手権における順位で評価している。そのときの一位から四位までの好成績を示した大学名を、男女別（女子では相撲、レスリング、アイスホッケー、ボクシングなどはない）に記している。この表から日本大学の戦績を評価すると次のようになる。

第一に、団体（チーム）競技に関してはおよそ一五種目のうち、第二位に入ったのが、自動車

（男子）、自転車（男子）、ヨット（男子）、第四位に入ったのが男子のビーチバレー、ボート、サーフィンくらいである。これらの中には、個人の成績を総合して団体で競う競技もあるが、基本は個人成績の積み重ねである。

第二に、人々が簡単にイメージできる団体（チーム）競技（例えば野球、ラグビー、サッカー、バレーボール、バスケットボール、ハンドボール、軟式野球、アメリカンフットボール、ホッケーなど）に関しては、四位以内に入った競技はない。本来ならばアメリカンフットボールが入っていてもおかしくないが、二〇一八（平成三〇）年の例の「悪質のタックル事件」によって試合をしていないので、順位とは無関係な年である。

第三に、一方で個人競技で第一位に入っているのは、馬術、フェンシング（男子）、ウェイトリフティング（男子）、スポーツ射撃（男子）、水泳（男子）であり、第二位は弓道（女子）、スポーツクライミング（男子）、陸上（男子）、フィギュアスケート（男子）、と数多くの好成績を残している。これらは個人成績を総合して大学別に順位を定めたものであるが、競技の基本は個人でなされるものである。

二〇二〇年度の戦績は、コロナ禍によって競技が行われなかったか、競技を行ってもフルスケールで行われなかったので、戦績を評価しないでおこう。

以上をまとめると、日本大学のスポーツ競技は、現代においても既に述べたように、個人競技に強く、団体（チーム）競技にはそれほど強くない。大学選手権などで団体で好成績を残している競技の大半は、個人対個人の勝敗で決まるものが多いので、ここでも個人競技に強い日本大学ということになる。

第8章　ユニークで多士済々の人材を生んだ芸術学部

ユニークな芸術学部

芸術学部は、一九二一（大正一〇）年に誕生した法文学部美学科を起源に持つ学部である。発足の経緯とその後の歴史的発展については既に述べたが、戦前においては大学の中心学部ではなかった。しかし戦後になると芸術学部はユニークな学科を用意し、そして特色ある教育方法を活用し、さらに何よりも才能豊かな学生の入学を招いた結果、それこそ日本を代表するような高名な作家、芸能人、文化人を数多く輩出するようになる。

日本大学芸術学部は「日藝」とも別称され、関係者は自分達の学部が日本大学に属するというよりも、「ニチゲイ」という呼称に自負を抱いている。法、経、理工、医などといった伝統的な学問とは異なり、芸術といった文化面の分野を扱うだけに、自分達はユニークなことをやっているとの自覚が、「ニチゲイ」への思いを強くしているのであろう。

芸術学部のユニークな点は、制度上としては総合大学の一つの学部にすぎないことにある。日本では美術、音楽、デザインなどの科目は、美術大学や音楽大学といった単科大学、あるいは国立大の東京芸術大学のようにそれらだけを教える大学で教えられるのが普通である。一六学部もある総合大学・日本大学の一つの学部である芸術学部は、本来ならば他の大学のように単科大学であってもよいところに、あまりにもユニークな学部なだけに「ニチゲイ」という意識が強いのかもしれない。

ＨＰによると、芸術学部は次の八学科を擁している。すなわち写真、映画、美術、音楽、文藝、演劇、放送、デザインの八学科である。似たような大学として私立の大阪芸術大学があげられる。同大学ＨＰによると、一五学科がある。日本大学芸術学部と大阪芸大は内容として似た教育を行なっているが、大阪芸大は一九六四（昭和三九）年の創設なので、日本大学芸術学部を意識した部分があるのではないかと想像できる。

芸術分野における日本の老舗中の老舗と言える東京芸術大学はというと、美術学部と音楽学部の二つである。前者では絵画（洋画、日本画）と彫刻、デザイン、建築などであり、後者では西洋音楽（作曲、指揮、器楽、声楽）と邦楽が中心であり、なんとなく古来の伝統ある美術と音楽を教えている雰囲気がある。写真、演劇、放送、文藝という学科は見当たらない。伝統的な東京芸術大学とユニークさを誇る日本大学芸術学部との差をここで読み取れる。

この差は卒業生の活躍分野でも違いを生じている。東京芸大であれば、クラシック音楽の分野で活躍する人や、洋画、日本画、彫刻などの分野で活躍する人が多いが、日本大学芸術学部では今ここで述べた分野の人よりも、他の分野で活躍する人が目立つのである。詳しいことは後で述べるが、写真家、脚本家、作家、映画監督と俳優、アナウンサー、作曲家と歌手（主としてポピュラー部門）などで傑出した人物を輩出している。

入学する学生について調べてみよう。学力試験は英語と国語が課されている。芸術学部の入学難易度（偏差値）は私立大で四七・五とされており、それほど高い学力は要求されていない。当然のことながら学科ごとの入試には学力試験だけでなく実技が課せられている。芸術の分野では実技がとても重要だからである。さらに面接も課されているので、入学者の選抜に際しては入学後に勉学・実技の修得をどれだけできるかを確認しようとしている。こうして入学した学生に適切な教育・訓練がおこなわれれば、成果の上がることが期待できる。

各学科の寸評

芸術学部には八学科があると述べていたが、各学科についてくわしく記しておこう。各学科の設備、入学難易度と人気度、卒業生の活躍度、風評などを総合して、筆者の責任で簡単にまとめてみる。

まず看板学科は演劇学科である。数多くの脚本作家、俳優、お笑い芸人を輩出している。代表例は順不同で三谷幸喜、早坂暁、高橋英樹（中退）、穴戸錠（中退）、本仮屋ユイカ、爆笑問題の太田光と田中裕二（いずれも中退）、立川志らく（中退）などである。この分野では表8―1で紹介するように日本大学の全体でもトップ級である。有名人に中退が多いのは、在学中に人気が高まってプロの世界に入る人が多いからであろう。芸術学部は毎年「日藝賞」を授与しているが、卒業生と中退生を区別していないので、ここでも中退生を卒業生と同等に扱う。

映画や演劇の世界に入る人は、人気商売の要素が強いので元々ユニークな性格を持つ人が多く、しかも競争の激しい世界において成功するにあたっては、各人の素質も非常に重要な要素のため、大学での訓練がどれだけ有効であるのか、確実なことが言えない。高橋英樹や穴戸錠などは若い時に日活ニューフェイスに選ばれたので、本人の実力というか、今の言葉を用いればアイドル性が優れていたのである。しかしこうした能力の高い人が芸術学部に魅力を感じて入学したのであるから、俳優自身においても大学で演劇を学びたい希望はあったとみなしてよい。演劇学科はこういう人を受け入れたのである。

ここまでは映画やテレビでの俳優を念頭においたが、舞台俳優は少し異なるであろう。若い頃に劇団に入団して修業を積んでから徐々に俳優として成長していく人が多いので、大学の演劇学科で学ぶ人は多くない。現に日本大学芸術学部の卒業生として、舞台俳優として名を残した人は多くない。ただし歌舞伎役者はそうでない。中村獅童（中退）、市川團十郎などがいる。

演劇学科と並ぶ人気学科は、放送学科と映画学科である。放送学科はテレビ、ラジオ、メディアなどの分野で働きたい人の学科であり、映画学科は映画監督や俳優を目指す人のための学科と考えてよい。これらの学科は既に紹介した演劇学科と似た点がある。たとえば俳優の船越英一郎、佐藤隆太などが映画学科の出身である。俳優ばかりではなく、例えばテレビ、ラジオの技術の面で働く人や、映画においても監督や俳優としてではなくスタッフとして働く人、いわゆる裏方の仕事を志す人のなかにもこれらの学科で学ぶ人がいる。有名な卒業生として脚本家の宮藤官九郎（中退）がいる。

芸術学部は、ここまで述べた三つの学科用の教育において、舞台、スタジオ、放送の技術室などを用意して、実際の演技や技術を学べるようにしている。教員にもいわゆる座学で教壇に立って講義を行う人ばかりではなく、俳優、監督、技術の経験をした人を常勤、ないし非常勤で教えてもらうようにしているので、実地訓練が行き届いているのである。

表 8-1　俳優（主演男優賞・女優賞、助演男優賞・女優賞など）

順位	大学	人
1	早稲田大	135
2	明治大	86
3	日本大	72
4	青山学院大	48
	中央大	48
6	成城大	36
7	多摩美術大	32
8	亜細亜大	30
9	慶應義塾大	24
10	東京大	22

出所：朝日新聞出版『大学ランキング 2021』

次いで四番目に登場するのが写真学科である。言うまでもないことだが、写真も立派な芸術の一分野として認識されており、世の中にはプロの写真家が存在している。出身者として白川義員《よしかず》、大石芳野がいる。また写真家ではなく俳優として活躍している大塚寧々も写真学科の出身である。

以上、演劇、放送、映画、写真といった学科が芸術学部の中心学科とみなしてよいし、これらの学科からはそれこそ大活躍する有名人を多く輩出してきたのである。

なぜ日本大学がこうした分野の教育で大成功したのか。まずはこれらの科目を大学で教えることの意義を認識して、いち早くそれを実践したことが要因としてあげられる。そうした教育実践のなかから、優秀な卒業生があらわれる。すると有名な俳優、監督、写真家などが日本大学出身者であると知った優秀な人材が、それに続こうとして芸術学部に進学するようになる。こうして伝統校としての地位を確立するのに成功したのである。戦争前後に、芸術学部から小林桂樹や三木のり平の出たことを記したが、これが格好の例である。

さらに芸術学部は資金を投入して、学生の訓練をうまく実行したし、教員の質が良かったことが、名声を高めるもう一つの要因として考えられる。要は日本大学自身が、芸術学部を重視して、積極的な政策を採用した効果が大きいのだ。「日藝」と呼ばれるようになった名声は、大学当局の後押しもあったのである。

ここで大学経営に関して、一つの提言が可能だろう。大学（特に総合大学）においては、特定の学部（一つでも二つでもよい）を格別に有名にして、その大学の存在価値を皆に知ってもらうということである。慶應義塾大学は昔から「理財科の慶應」の名前があるように、経済学部がその例であった。中央大学も法律の中央とされてきた。他にもそういう学部を持つ大学は存在している。

さて、その一方で日本大学芸術学部における美術学科、音楽学科、文芸学科はこれまで述べた四学科に比べるとそう目立つ存在ではない。理由は簡単である。美術、音楽に関して、そして美術学科から独立したデザイン学科も含めて、戦前から東京美術学校、東京音楽学校（現在の両者は東京芸術大学となっている）をはじめ、私立の美術、音楽学校が存在していたので、こういう分野での競争は激烈である。必ずしも第一級の素質を持った学生を芸術学部に入学させられない可能性がある。

文芸学科も同じような課題を抱えている。他の大学における文学部と競合するし、文学部を持つ大学は古い時代から数が多いので、それこそ競争は激烈である。何か特別な教育を施さない限り、能力の高い学生を入学させて、かつ訓練を行うのは困難かもしれない。漏れ伝わるところに

表 8-2　おもな文学賞受賞（1980~2019）

順位	大学	人
1	早稲田大	241
2	東京大	90
3	慶應義塾大	71
4	立教大	32
5	明治大	31
6	日本大	28
7	法政大	26
8	京都大	25
9	中央大	22
10	青山学院大	21
	成蹊大	21
	同志社大	21
13	大阪府立大	20
14	上智大	18
15	東京女子大	17
16	お茶の水女子大	16
	国学院大	16
18	関西学院大	14
	立命館大	14
20	筑波大	11
	東北大	11
	大阪芸術大	11

出所：朝日新聞出版『大学ランキング 2021』

よると、「遊文芸（あそぶんげい）」という言葉があるようで、楽に卒業できる学科という認識をされているのかもしれない。

しかし文芸学科からは二人の超有名作家、すなわち、よしもとばななと林真理子が出ている。この二人については後に論じる。さらに異色として、歌手の松崎しげるや、映画監督の深作欣二も文芸学科で学んでいる。

ついでながら、文芸学科とは別に日本大学全般で評価すると、文学の世界ではかなりの作家、それも文学賞受賞者を輩出していることを表8―2で示しておこう。全体で六位というのは立派なものである。

「日藝賞」

これまで何度も話題にしているが、「日藝賞」という賞があることをご存知だろうか。二〇〇六（平成一八）年に創設された賞で、「日藝の名声を高め、かつその業績が社会に貢献し、かつ芸術を志す学生に夢を与える人物」に授与される賞だ。年に一度、一人か二人が選定されるが、選考は在学生、教職員、校友会役員の投票で選ばれた候補者のうち、選考委員会が最終決定する。重要なことは、受賞対象者の条件である。芸術学部に入学したという事実だけが候補者になる条件であり、卒業は条件ではない。すなわち中退者にも資格があるのである。これまで何人かの有名人を挙げたが、中退者がかなりいたことを思い出してほしい。芸術学部に入学した、という事実だけで十分なのであり、これは画期的な基準である。

表8—3は現代までの受賞者を示したものである。合計二六名いるが、ごく最近は年に一名だ

表 8-3 「日藝賞」の歴代受賞者

第 1 回	三谷幸喜（脚本家）
	佐藤隆太（俳優）
第 2 回	爆笑問題（お笑いコンビ）
	大石芳野（写真家）
第 3 回	宮藤官九郎（脚本家）
	真田広之（俳優）
第 4 回	市川團十郎（歌舞伎役者）
	宮嶋茂樹（写真家）
第 5 回	林真理子（小説家）
	青山剛昌（漫画家）
第 6 回	松井龍哉（デザイナー）
	船越英一郎（俳優）
第 7 回	よしもとばなな（小説家）
	森田公一（作曲家）
第 8 回	松崎しげる（歌手）
	坂田栄一郎（写真家）
第 9 回	荒井良二（イラストレイター）
	中園ミホ（脚本家）
第 10 回	中村獅童（俳優）
	池松壮亮（俳優）
第 11 回	三宅由佳莉（ソプラノ歌手）
	小山薫堂（放送作家）
第 12 回	片渕須直（アニメーション映画監督）
第 13 回	小野大輔（声優）
第 14 回	本郷奏多（俳優）
第 15 回	黒島結菜（俳優）

出所：日本大学芸術学部 HP

けである。それまで年に二名だったのにこうした変化の起きた理由についてはわからない。

この表からわかる点は次の通りである。第一に、もっとも多い分野は俳優（歌舞伎や声優を含む）の九名である。第二に、次いで多いのは、写真家、小説・作家（放送作家を含む）、脚本家のそれぞれ三名であり、撮った写真を作品として公表する人、後者は文章を作成する仕事に従事する人である。第三に、二名のいるのは歌手（クラシックとポピュラー）である。第四に、一名だけのジャンルの人が六名いる。すなわち、お笑いコンビ、デザイナー、漫画家、作曲家、イラストレーター、アニメーション映画監督である。

ここから、芸術学部の看板学科は、演劇、放送、映画、写真の学科とやはり言えるだろう。とはいえ看板学科とはみなさなかったが、小説・作家のよしもとばななと林真理子の文芸学科の存在が目立っているようにも感じる。なお放送作家の小山薫堂は文芸学科ではなく、看板学科の放送学科卒である。また漫画家の青山剛昌は美術学科卒である。現代は漫画とアニメーションの全盛なので、今後、漫画家やアニメ作家が多く現れるかもしれない。

次からは、芸術学部の出身者（中退者も含む）の中で、超有名な人で戦後に画期的な仕事をした人を何人か挙げて論じてみたい。

まず最初は写真家の白川（一九三五（昭和一〇）年〜）である。彼については『日本大学のあゆみⅢ』に詳しいので、これに依拠する。

白川の場合は山岳写真が中心である。しかも対象の山岳は日本だけでなく、世界各地の山岳を撮影しており、季節も春夏秋冬を網羅した見事な山岳の写真集を出版している。

それらの写真集の素晴しさが評価されて、写真界のノーベル賞とされるアメリカの写真家協会による最高写真家賞を、一九八一（昭和五六）年に受賞している。これは日本人として初めての受賞であった。国内においても芸術選奨文部大臣賞、毎日芸術賞、菊池寛賞、日本芸術大賞などの有名な賞を総ナメにしている。

白川は愛媛県の川之江で生まれ、小さい頃から写真に親しんでいた。高一のときに高校で写真部を自らのイニシアティブでつくり、高三のときには電通主催の日本商業美術展に入賞した。若い頃からその才能を開花させていた。

大学は親の反対を押し切って、勘当同然で日本大学の芸術学部に入学する。写真の修業に励むが、在学中に実家の家業が破綻し経済的に学業を続けられなくなった。そこで救いの手を差し伸べたのが、当時の写真家の恩師である金丸重嶺であった。いろいろな雑誌の写真のアルバイト職を金丸は紹介してくれたのである。このお蔭で白川は学業に励めたし、写真の技術に磨きをかけたのである。いい師匠に恵まれた白川は幸せであったが、金丸は彼の才能のすごさを見抜いていたのであろう。偉大な人の出現には、それを見つける人と育てる人が背後にいるケースが多い。

一九六二（昭和三七）年に白川は中日新聞社の特派員として、世界一周の旅行に出掛け、三八カ月をかけて三五カ国を訪れ、多くの山岳写真を撮影した。特にマッターホルン山において朝日で真っ赤に燃える姿に感動し、その様子を撮影している。他のアルプス山脈の山々をも含めて写真集『アルプス』を一九六九（昭和四四）年に出版した。この山岳写真集が世界で好評となる。八か国で出版され、のべ八〇万部の実売というからすごい。この成功で、自費で撮影旅行ができるようになり、写真家として生活もできるようになったため新聞社を辞して、写真家として独立することとなった。

その後『ヒマラヤ』『聖書の世界』『世界百名山』などの大作を出版した。特に『世界百名山』は一九九六（平成八）年に白川が中心になって山岳の選定と撮影を行い、実に四億五〇〇〇万円の巨費を投入し、二〇〇二（平成一四）の六七歳頃の時に完結した。全三巻で四一八〇〇〇円という高価な写真集であった。白川にとっては集大成の作品だったであろう。

林真理子

文芸学科出身の傑出した作家の一人が林（一九五四（昭和二九）年〜）である。直木賞を受賞して作家としての地位を確立し、数多くの小説、エッセイを出版したし、マスコミにもよく現れて超有名人となった。彼女は自分の生い立ちをインタビュー記事で公表しているので、ここではそれらに依拠する。

山梨県の甲府市で生まれ、書店業を営む家庭で育つ。書店の経営は母親一人で行うという苦労の家であった。父親は一時家にいなかったので、母親の影響力を大きく受けている、とは本人の弁である。

その母親は当時はまだ珍しい大学出身で教養があり、特に作家になりたいと思ったほどの文才があり、文章もいろいろ書いていた。真理子が母親のＤＮＡ（遺伝子）を受け継いだのは確実である。しかも実家が本屋なのでまわりには本がいっぱいあり、彼女は手あたり次第に本を読んだというから、遺伝と環境がうまくミックスした幸運な人だったのである。なお橘木（2017）では、遺伝、教育、環境、努力の話題を論じたことがあるので、林真理子の人生は格好の例となっている。

教育に関しては、芸術学部の文芸学科に進学した。本人は「頭が悪い」と謙遜しているが、日本大学を選んだのは本人の学力を考慮したことと、国語、英語、社会という文系科目が得意で、私立大の入試にふさわしかったのである。大学時代は遊びほうけたと自嘲気味に語っているが、有吉佐和子、瀬戸内寂聴、田辺聖子などの女流作家の作品を読み耽った。

転機は糸井重里のコピー塾で学び、広告コピーがＴＣＣ新人賞を受賞した結果、文章の執筆依頼が舞い込むようになったことだった。一九八二（昭和五七）年の処女エッセイ集『ルンルンを買っておうちに帰ろう』がベストセラーとなり、その後は作家の道へと進む。一九八五年下半期の「最終便に間に合えば」「京都まで」で直木賞を受賞した。その後は彼女自身が直木賞の選考委員になっている。まさに現在日本を代表する女流作家の一人と言えるだろう。

吉本ばなな

文芸学科出身でとりあげたいもう一人の有名作家は吉本ばなな（一九六四（昭和三九）年〜）である。彼女を語るには、筆者の世代にとってはばななの父、吉本隆明について避けて通れない。一九六〇年代後半の大学生による紛争時代において、学生がバイブルのように崇拝したのが、吉本隆明の書物（例えば『共同幻想論』）であった。文体がとても難解で硬い内容を含んだ彼の書物は、学生を魅了したのである。どれだけ当時の若者（筆者も含めて）が隆明の言いたいことを理解できたのか、疑問の残るほど難解な内容であった。

娘であるばななの代表作『キッチン』や『TUGUMI』などに接すると、難解な文体はないが美しくて透明感があり、誰でも容易に読める文章である。人々に様々な感傷を思い起こさせる物語である。しかもごく普通の人の経験する生活や人生を題材にしているので、人々に共感を覚えさせる内容となっている。

作品は様々な賞を受賞しているが、不思議なことに芥川賞や直木賞とは縁がなかった。むしろ期待はノーベル文学賞のほうかもしれない。彼女の作品は外国語（英語、フランス語、ドイツ語、イタリア語、スペイン語、ベトナム語など）に数多く翻訳されているのである。日本語だけの作品であれば、スウェーデンの選考委員会の眼に届かないであろうが、これだけの外国語訳は世界水準での人気のほどを物語っている。国籍が重要なノーベル文学賞に関しては、日本人では候補として村上春樹が先行しているが、長年の候補なのでもう無理かもしれない。いずれ吉本ばななの声が上がるのでは、と期待している。

吉本ばななのインタビューを読むと、中学・高校の頃は「勉強は嫌いであった」と述べている。偏差値の高い大学を避けて日本大学の芸術学部文芸学科を選んだのかもしれない。文学界においては、現代では学歴がほとんど意味のない時代になっていることを強調しておこう。

日本人でノーベル文学賞を受賞した川端康成と大江健三郎は東大出身であるし、過去の文豪（夏目漱石、森鷗外、芥川龍之介、谷崎潤一郎、志賀直哉、三島由紀夫、井上靖など）を調べると帝国大学出身者が多い。これらの人々は旧制高校で外国語に親しんだので、外国文学のことをよく知っていることが、小説を書く上でも役立った。さらに文学、哲学などを旧制高校時代に深く学んだので、当時の文学が「人間とは何か」とか「人間の本質」といったことが題材となったので、帝国大学出身者の書きやすいテーマであった。

ところが今の時代は、「ライトノベル」に象徴されるように、哲学的なテーマ設定ばかりとは限らず、どの人間も体験するような人生上のごく普通のイベントを扱い、それこそ言葉通りに軽いタッチで書く小説が評価されているように思われる。

橘木（2009）において、芥川賞、直木賞の受賞者の出身大学を調べてみたことがある。すると過去は東大卒が多かったが今は凋落が激しく、現在は私立大学卒の圧倒的優位である。ちなみにトップの輩出校は早稲田大である。元東大総長の蓮實重彥が文学界における東大の不振を嘆いているので、この現象は認識されつつある。

林真理子と吉本ばななの活躍は、この時代的背景に気が付けば、何も不思議ではない現象なのである。これからも日本大学芸術学部は高名な作家を多く生むものと予想される。

もう一つの変化は、芥川賞、直木賞において女流作家が多く受賞する時代になっていることだ。男性作家の不振とまでは言わないが、女性で優れた作品を発表する人が多くなっている。林真理子と吉本ばななのほかに、たとえば群ようこなど文芸学科卒がいるので、後輩の日本大学の女子学生にとっても励みとなろう。

三谷幸喜

三谷幸喜（一九六一（昭和三六）年〜）は、日本大学芸術学部の演劇学科卒である。劇作家、脚本家、演出家、俳優、映画監督として、これほどのマルチタレントで、芸能の世界でとてつもなく大活躍している人はそういない。

中学、高校時代から演劇、映画に関心が高く、自分で脚本なども書く才人であった。当然のごとく日本大学の演劇学科に進学する。大学時代から頭角を現しており、劇団「東京サンシャインボーイズ」を主宰し、人気劇団に仕立てる実力を発揮していた。演劇学科の三年後輩の爆笑問題・太田光によると、三谷さんは学生時代から既にすごい人気者だったと述べている。しかし三谷自身はこの言葉に対して、「それほどでもない」と謙遜しているが、後の大活躍を知っているだけに、太田の言葉は決して誇張ではないだろう。

三谷の業績リストを見ると、そのものすごい作品数に圧倒される。脚本、演出、監督などを多く担当し、時には自分も俳優、喜劇役者として登場する。さらに著作の数もかなりある。いつこれだけ大量の仕事をこなしているのか、筆者にはまったく想像できないが、間違いなく天才的な能力を持った人でないと、これらの仕事をこなせない。さらにヒットする作品の多い理由は、大衆が何を望んでいるのか、大衆に喜んでもらえるようなドラマ、映画は何か、を判別する嗅覚に特に優れた能力を持っていると、筆者は強調したい。

三谷の作品をここで取り上げて論評する資格は筆者には当然ない。まずは量が多すぎるし、彼の扱う分野への知識もとても足りないからである。三谷は、二〇〇〇（平成一二）年からほぼ一週間ごとに、朝日新聞の夕刊に「三谷幸喜のありふれた生活」を二〇年間連載した。その連載を愛読していた、一人の三谷ファン――というより尊敬する一人――として、連載内容に立脚しつつ三谷について書いてみたい。

三谷が脚本を手掛けたＮＨＫの大河ドラマは、二〇〇四（平成一六）年の『新撰組！』、二〇一六（平成二八）年の『真田丸』がある。また、二〇二二（令和四）年の『鎌倉殿の一三人』も三谷が脚本を担当し、悪の権化・北条義時を描くようである。他に三谷自身が思い出深い作品として『ＴＨＥ有頂天ホテル』や『古畑任三郎ファイナル』をあげている。

先の連載の一〇〇〇回記念号（二〇二〇年七月二〇日号）にとてもいい言葉が三谷によって書かれているので引用しておこう。

「ありふれた生活」は三八歳から五九歳までの日記みたいなものであるが、一つだけ毎回最低一つは読んでいただいた方にくすっと笑ってもらえる箇所をつくる。これは喜劇作家（本人は自分を喜劇作家と思っているのだろうか！？）の矜持

と本人は書いている。

ついでながら同号には、女優の戸田恵子、元SMAPの香取慎吾、俳優の大泉洋の三名が、いかに三谷幸喜を敬愛しているかについてインタビュー記事が記載されている。脚本家、演出家としていかにいい仕事をこれらの俳優としてきたかがわかる記事である。

爆笑問題

爆笑問題は、ご存知の太田光（一九六五（昭和四〇）年〜）と田中裕二（一九六五（昭和四〇）年〜）によるお笑いコンビである。

すこし余談になる。読者の方は驚かれると思うが、筆者は爆笑問題とテレビ番組で共演したことがある。二〇〇八（平成二〇）年六月三日にＮＨＫＥテレの『爆問学問』という番組に、筆者がゲスト出演したのである。この番組は、学問の話題を学者を交えて語り合うというものであった。私がゲスト出演した回のテーマは「愛と幻想の価値論」というものだった。お金と愛について、お笑いコンビと学者が何を話すのかは、番組の始まるまで予測できなかった。

収録の前にシナリオはあったが、ほとんど役立たなかった。予測のできない責は筆者にあった。番組冒頭に筆者が「爆笑問題さん、年収はおいくらですか」と問うたのである。当然シナリオになかった質問である。二人は一瞬たじろいで、しばらく考えてから「答えられないね」と解答した。この質問によって番組はなんと学者が有利に番組を支配することとなってしまったのだ。シナリオは意味をなさなくなった。ＮＨＫはこの冒頭のやりとりを放送のときにはカットするだろうと私は予想したが、放映されたのは意外であった。

番組の結論は、「愛はお金で買えないよね」「人間にとっては（恋）愛は大切だし、なくては生き甲斐がなくなる」「かといって生きるためにはお金も必要だ」という常識的なものに落ち着いた。だがこの番組を見た関係者の感想は、意外にも冒頭に爆笑問題を慌てさせた筆者の言葉が番組の評価を高めた。

前置きが長くなってしまった。本題の爆笑問題に戻ろう。二人は演劇学科に入学するが、太田の言葉によると教授とケンカして中退してしまう。芸術学部で中退する人は、在学中に映画界からスカウトされて（例えば俳優の高橋英樹、穴戸錠など）、意図的にしかも希望のもとに中退する場合もあるが、必ずしも将来のことが明るい中退ばかりではない。

二人は一九八八（昭和六三）年にコンビを結成する。中退してしばらくしてからのことである。漫才において、ボケとネタづくりは太田、ツッコミは田中という役割分担であった。数々の賞を受賞し、その後の活躍は本業のお笑いだけではなく、司会やトークというタレントとしても大活躍していることは皆の知るところである。

青山剛昌

芸術学部の看板学科は、演劇、放送、映画、写真学科などであり、美術、音楽、デザイン学科などは影が薄いと失礼なことを書いたが、なかなかどうして一流の人を出している。

その一人が青山剛昌《ごうしょう》（一九六三（昭和三八）年〜）である。漠然と美術の先生を目指して美術学科に入学するも、漫画研究会に入って漫画の執筆に精を出す。落語家の多くが大学の落語研究会

（通称・落研《おちけん》）で修業を積むことが多いが、はたして漫画の場合には漫画研がどれだけの価値があるのか。筆者にはわからない。

学生時代から将来はマンガ家になろうと思い、いろいろな漫画雑誌に作品を売り込み、とうとう小学館新人コミック賞に入選する。独立のマンガ家として生きることを決意し、小学館の『週刊少年サンデー』で『YAIBA』や『名探偵コナン』の連載を始める。特に『名探偵コナン』は売り上げ部数が億を超す大ヒットとなった。イギリスの有名作家コナン・ドイル（「シャーロック・ホームズ」の作家）の名前を借りたところなど、うまいアイディアではないだろうか。

松井龍哉

デザイン学科出身で、松井龍哉《たつや》（一九六九（昭和四四）年〜）はまだ珍しいロボットデザイナーである。彼の経歴を調べると、日大卒業後五年間にわたってかの有名な建築家・丹下健三の研究所で働いた経験を持つ。本書を執筆するまで全く知らなかったことであるが、丹下健三は日本大学に二年間在籍したことがあったようだ。東大出身で東大教授の人とばかり思っていたが、東大受験に失敗したので、徴兵逃れのために芸術学部の映画学科に籍を置いた、と著書『一本の鉛筆から』に記されている。当然松井と丹下は日本大学では重なっていない。これは想像であるが丹下は松井の日本大学出身を気に入って採用したのかもしれない。もっとも重要な理由は丹下が松井の才能を認めたからであろう。

松井はフランスの高等工業大学大学院に留学し、フランスの会社で仕事をしたことのある国際人である。自分でフラワー・ロボティクス株式会社を創設したり、松井デザインスタジオを設立したりして、ロボット、飛行機、建物などのデザインを行い、現代日本のこの分野を代表する一人である。しかも様々な賞も内外で受賞している。

三宅由佳莉

三宅由佳莉（一九八六（昭和六一）年〜）はユニークなキャリアの人である。芸術学部音楽科で声楽を学んでから、自衛隊員となる。ただし通常の自衛官ではなく、海上自衛隊の音楽隊・ヴォーカリストである。大学で声楽を学んだことが役立っている。

二〇一三（平成二五）年にCDアルバム『祈り〜未来への歌声』を、彼女のヴォーカルと音楽隊による吹奏楽のバックで発表した。しかも音楽隊長・河邊の作曲によるオリジナル版である。東日本大震災で被災した人々への応援歌ということ、三宅の美しい声も手伝って人気を得た作品となり、自衛隊の歌姫と呼ばれるようになった。その後も音楽隊と三宅の組み合わせで、『希望』などの作品を発売している。

その後、ニュージーランドの歌姫ヘイリーとの共演、海上自衛隊音楽隊とのヨーロッパ初演奏旅行など、お堅いイメージの自衛隊としては音楽の分野で三宅の歌唱と吹奏楽の組み合わせはユニークであるし、自衛隊の宣伝にも貢献している。今後も自衛隊員でありながら歌手を続けるのか、それともプロ歌手になるのか、筆者には予想ができない。しかしこの文章の源となった彼女へのインタヴュー（ドキュメンタルシーズン８）では、「今後も自衛隊で歌い続ける」と述べているので、しばらくは前者のキャリアであろう。

芸術学部のまとめ

日本大学芸術学部はユニークな学部であり、世の中に多くの有名芸能人を輩出してきた。美術、音楽といった分野では他に既に伝統を誇る学校があったので、それほど目立つ学科ではないが、演劇、放送、映画、写真といった分野ではその先駆性を発揮して、超一流の人物を輩出してきた。芸術学部は内部で「日藝」と自分達で称するように、日本大学に属しているという意識はさほどなく、「日藝」で学んだという意識を持つ人が多い。

映画、写真、脚本、俳優、監督などで活躍する有名人を多く輩出してきたが、定員九〇〇人弱で入学してくる学生の全員が、当然のことながら有名になれるわけはない。成功者はそのごく一部にすぎないし、成功者の一部は在学中から才能を発揮して、芸術界で名を上げた。中退する成功者の多いことを紹介したが、大学側はこれら中退者を卒業生と同等に評価しており、大人の扱いを大学はしている。その証拠の一つは「日藝賞」は対象を中退者にも与えている。

芸術学部に入学してくる学生の大半は、まず八学科で教えている分野を大変好んでいるし、できれば諸先輩のように一流でしかも有名な人になりたいと思っていたであろう。この動機に異論を挟む気は毛頭ない。ところが現実の世界はそう甘くない。すべての分野において競争は激烈であるし、中には才能不足の人もいるだろうし、運もかなり作用する。

一流の芸能人になれない人、芸能人という職業に就けない人が大半とみなしてよい。こういう学生をどう扱うかが、芸術学部の課題であると考えてよいかもしれない。本人は芸人にならなくとも、芸能部門を扱う産業に就職できる人は恵まれているとみなせる。現に芸術学部の卒業生の約四〇%はこういう産業に就職しているので、これらの人を心配する必要はない。

残りの人は、製造業、卸売・小売、自営業、他の産業（金融、運輸、建設、観光、教育など）に就職しているのであるが、こういう産業であっても本人の趣味に合致した仕事（例えば広告・宣伝、デザイン、販売、教職など）に就くことができれば、自分の技能を活かせるので問題はないであろう。逆に言えば、こういう仕事に就く人のために、芸能活動とビジネスの関係、といったことを学ぶ機会を与えることが、芸術学部において必要なことかもしれない。

おわりに

日本一のマンモス大学である日本大学を様々な角度、すなわち歴史的発展の推移、なぜ大規模策を採用してきたのか、大規模化は研究・教育の面でどういう影響を与えたか、学ぶ学生の特質と人材輩出の過去と現在を見てきた。

一〇〇年以上の歴史を誇る日大において、特記すべき事件や特色についても注意を払った。具体的には、戦争前における大学の政治的なスタンス、東大闘争とともに社会を震撼させた日大闘争、スポーツにおける活躍、とてもユニークな芸術学部の存在、などを取り上げて分析してみた。

さいごに、あらためてこの分析を経て、私の主張したい点のいくつかを、簡単に要約しておきたいと思う。

(1) 戦前の日大は、『日本大学百年史』も認めるように、右翼色が強かった。これは創設者・山田顕義の意向を出発点とし、歴代の学長などの幹部（山岡萬之助など）の方針が大きかった。戦前の日本は保守主義、全体主義、軍国主義が基調の時代だったので、日大の政治スタンスだけがユニークとは解釈できない。

戦後になってもこの特色が続いたか、と問われれば、ややそれが残ったと言えようか。代表例は日大闘争時の会頭・古田重二良の大学当局による強硬路線、運動部・応援団による側面からの支援も言及しておこう。現代に至ってどうかといえば、日大闘争の反省もあって基本的には民主的な雰囲気になっているが、現経営体制への不満・抵抗勢力もなくはない。

（2）大規模化への動きは、戦後の古田会頭の策に大きく依存した。「日大を日本一にする」という標語の下、学生数を日本一にする方針がとられた。学生からの授業料収入が増加するので、経営の安定が達成できる、というのが理由であった。やや皮肉な見方をすれば、質としては東大を追い越せないし、私学の雄・早慶を追い越すには、学生数日本一の達成によって顕示できるという経営方針にあった。

マンモス大学になれば、一教員あたりの学生数が多くなり、教室は学生であふれることになって学生の不満が高まった。学生の不満が日大闘争の一原因であったが、この大人数教育は当時の私立大学の多くでも見られた現象だったので、日大だけに特有ではない。とはいえ日大闘争には経営側の不祥事と学生に対する強圧的対策などの原因があったことも忘れてはならない。

（3）大学の目的の一つである研究に関して。国立大（特に大学院大学）に研究資金が豊富に提供されている、研究志向のある人が多く在籍している、教育の負担が少ないなどの理由によって、私立大の教員は研究に関して不利な立場にいる。にもかかわらず、日大の研究者は頑張っており、質量ともにかなり高い研究成果を示している。本書ではその象徴の一つとして、木村秀政教授の航空工学、特に国産旅客機の第一号（YS11）の生産に成功したことを特記した。

（4）日本一のマンモス大学だけに、総合大学の特色を生かしてあらゆる分野の学問教育をしている。同じ専攻を二学部・三学部で提供しているほどである。その代表例は工学と歯学である。しかもタコ足大学らしく、各種の学部が遠隔地にキャンパスを独立に持っている。学生を一カ所や二カ所に集めるよりも、地域的に離しておいた方が学生運動を弱くできる、という大学当局の思惑がかつてはあったことを付記しておこう。

私立の大規模大学では大人数授業のしやすい文科系の学部、学科が多いが、日大は理工系、医歯系のウエイトの高いことが一つの特色である。この特色は評価されてよい。文科系の大人数教育を少人数教育にしたい希望を大学当局は意図しているが、これには教員の数を増やしたり設備の充実が必要である。予算措置を伴うので、今後どのような政策を採用して実行に移すか、興味が持たれる。

（5）大学の名門度は卒業生の活躍度が一つの指標である。これにはどういう学生が入学してくるかも関係する。入学試験の難易度で評価すれば、私立大のトップである早慶両大学には及ばないが、全私立大の平均よりかはかなり高い水準にある。印象的なのは、歴代の学長・総長が「目標は早慶にある」と言明してきたことである。

社会人としての活躍は、本人の学力よりも大学での教育・訓練の成果、努力の程度、まわりの環境に依存する。日大は日本一の社長数を誇るが、卒業数の効果を除去しても早慶両大学にそう見劣りしないので、経済人の輩出には成功している。慶應大の卒業生が経済界で活躍する一つの理由として、「三田会」の役割があるが、卒業生の多いメリットを活かすため、日大もそれを見習えばよい、と指摘した。日大卒業生に関してのもう一つの特色は、あらゆる職業に就いていることだ。日本社会の基盤を形成する上で、人材の輩出に貢献している。

(6)「スポーツの日大」をかなり詳しく分析・議論した。大学の特徴を示すためにスポーツを重視する姿勢は、研究・教育やその他を重くみる人からするとおもしろくないかもしれないが、私立校は学生を入学させたり世間に存在意義を示さねばならないので、日大の方針に違和感はない。スポーツを専門にする大学すらあるほどなので。この評価は私のスポーツ好きも手伝っているかもしれない。

終戦直後の古橋広之進・水泳選手を筆頭に、日大出身の著名なスポーツ選手を鳥瞰した。本書では、日大スポーツの特色はチームプレイの運動競技よりも個人競技に強い、という解釈をして、その証拠をスポーツの成績で示した。例外的に特に強かったチームプレイの競技はアメリカン・フットボールであったが、「悪質タックル事件」を起こして、社会を震撼させたので言及した。

(7)とてもユニークな学部である芸術学部については、一章を設けて論じた。伝統的な美術、音楽のみならず演劇、写真、映画、放送などの学科を設けた戦略には先駆性がある。芸術一般の分野で大活躍する人を輩出したことは評価してよいし、「日藝」という言葉で象徴されるように、日大を代表する学部にすらなっているともみなせる。大活躍する著名な個人をかなり詳しく論じた。

とはいえ有名な芸能人になるには本人の稀有な才能と努力、そして運にも左右される。その証拠に中退生の活躍が目立つ学部である。案外教育の効果は限られるかもしれない。多数の芸能人にならない人の教育と就職をどうするかが、今後のこの学部の課題の一つであろう。

日本大学は日本の大学界において、他大学にはないユニークな歴史と特色を有してはいるが、人材の輩出という意味で貢献をしている大学なのである。

国の経済力を示すには、総GNPと一人当たりGNPの二つの指標がある。前者は国全体の総生産量ないしは豊かさなので、いわば量の指標であるが、後者は国民一人当たりの生産量、豊かさなので、いわば質の指標と考えてよい。

日大は前者であれば日本一の規模を誇るので、量の指標では成功していると言えるが、後者の質の指標ではすべての分野でトップ水準にいるとは言えない。しかしスポーツの分野、あるいは芸能・文化の分野ではトップ水準にあるし、経済人の輩出や学問の分野でもかなりいい線を走っていることがわかった。しかし学部と学生数が多いというマスプロ教育の課題はまだ残っている。

今後の日本大学では、量の特色を維持しながらも、どのようにして質の課題を克服するかにかかっていよう。

参考文献

秋田明大編（1969）『大学占拠の思想』三一書房
金子堅太郎（2003, 2004）『金子堅太郎自叙伝　第1集、第2集』日本大学精神分化研究所業書11、12
木村秀政（1972）『わがヒコーキ人生』日本経済新聞社
河野達男（1984）『広島スポーツ史』財団法人広島体育協会
小熊英二（2009）『若者たちの叛乱とその背景（上）』新曜社
小松雄道（1974）『日本大学興隆秘史』共栄書房
佐々木亮（2004）「金子堅太郎」小学館編『日本大百科全書』小学館
城島充（2011）『ピンポンさん』角川文庫
橘木俊詔・連合総合生活開発研究所編（1995）『「昇進」の経済学　なにが「出世」を決めるのか』東洋経済新報社
橘木俊詔（2009）『東京大学　エリート養成機関の盛衰』岩波書店
橘木俊詔（2011）『京都三大学　京大・同志社・立命館――東大・早慶への対抗』岩波書店
橘木俊詔（2011）『女性と学歴―女子高等教育の歩みと行方』勁草書房
橘木俊詔・齋藤隆志（2012）『スポーツの世界は学歴社会』ＰＨＰ新書
橘木俊詔（2016）『プロ野球の経済学』東洋経済新報社
橘木俊詔（2019）『「地元チーム」がある幸福――スポーツと地方分権』集英社新書
橘木俊詔（2020）『阪神VS巨人　大阪VS東京の代理戦争』潮新書

富田武（2019）『歴史としての東大闘争　ぼくたちが闘ったわけ』ちくま新書
富田仁（1997）『岩倉使節団のパリ――山田顕義と木戸孝允　その点と線の軌跡』翰林書房
中村慶一郎（1982）『河本敏夫・全人像』行政問題研究所
日大全共闘編（1966）『バリケードに賭けた青春』北明書房
日本大学広報部（1982）『学祖・山田顕義研究』日本大学
日本大学新聞研究会（1969）『日大紛争の真相』八千代出版
日本大学百年史編纂委員会（1997より）『日本大学百年史　第一巻―第五巻』日本大学
日本大学文理学部闘争委員会書記局編（1969）『叛逆のバリケード』三一書房
萩原淳（2015）「国本社とは何か　思想・平沼騏一郎・イメージ 1919 ～ 1936」『政治経済史学』
初川三郎（1974）『日大王国の秘密』三一書房
細川喜美（1964）『人間山岡萬之助傳』講談社
松岡康毅先生伝編纂委員会『松岡康毅先生伝』
村井哲也（2003）「平沼騏一郎」御厨貴編『歴代首相物語』SHINSHOKAN
吉田大洋監修（1981）『日本大学――50万人の桜は名青春譜』弘済出版社

著者　橘木俊詔（たちばなき・としあき）
1943年兵庫県生まれ。京都大学名誉教授。京都女子大学客員教授。小樽商科大学商学部卒業。大阪大学大学院修士課程修了。ジョンズ・ホプキンス大学大学院博士課程修了 (Ph.D.)。フランス、アメリカ、イギリス、ドイツでの研究職・教育職、京都大学教授、同志社大学教授などを歴任。元日本経済学会会長。専門は労働経済学。著書に『女女格差』、『日本人と経済』（いずれも東洋経済新報社）、『日本の教育格差』（岩波新書）、『「幸せ」の経済学』（岩波書店）、『愛と経済のバトルロイヤル』（佐伯順子氏との共著）、『老老格差』、『中年格差』（いずれも青土社）など多数。

日本大学の研究
歴史から経営・教育理念、そして卒業生まで

2021年9月30日　第1刷印刷
2021年10月10日　第1刷発行

著者——橘木俊詔

発行人——清水一人
発行所——青土社
〒101-0051　東京都千代田区神田神保町1-29　市瀬ビル
［電話］03-3291-9831（編集）　03-3294-7829（営業）
［振替］00190-7-192955

印刷・製本——シナノ印刷

装幀——水戸部功

ISBN978-4-7917-7418-0　C0030